**PARE DE
SE SABOTAR
E DÊ A VOLTA
POR CIMA**

FLIP FLIPPEN
DR. CHRIS J. WHITE

PARE DE SE SABOTAR E DÊ A VOLTA POR CIMA

Como se livrar dos comportamentos que atrapalham sua vida

Título original: *The Flip Side*
Copyright © 2007 por M. B. Flippen
Copyright da tradução © 2010 por GMT Editores Ltda.

Publicado em acordo com Grand Central Publishing, Nova York, NY, EUA.

Todos os direitos reservados. Nenhuma parte deste livro pode ser utilizada ou reproduzida sob quaisquer meios existentes sem autorização por escrito dos editores.

tradução: Carolina Alfaro
preparo de originais: Cristiane Pacanowski
revisão: Ana Grillo, Ana Lucia Machado, Cristhiane Ruiz, Hermínia Totti e Joana Faro
projeto gráfico e diagramação: Natali Nabekura
capa: Filipa Pinto
impressão e acabamento: Associação Religiosa Imprensa da Fé

CIP-BRASIL. CATALOGAÇÃO NA PUBLICAÇÃO
SINDICATO NACIONAL DOS EDITORES DE LIVROS, RJ

F642p
    Flippen, Flip
        Pare de se sabotar e dê a volta por cima : como se livrar dos comportamentos que atrapalham sua vida / Flip Flippen, Chris J. White ; [tradução Carolina Alfaro]. - 1. ed. - Rio de Janeiro : Sextante, 2022.
        240 p. ; 21 cm.

        Tradução de: The Flip side
        ISBN 978-65-5564-257-5

        1. Mudança de hábitos. 2. Comportamento. 3. Mudança (Psicologia). 4. Mudança de atitude. 5. Sucesso - Aspectos psicológicos. 6. Técnicas de autoajuda. I. White, Chris J. II. Alfaro, Carolina. III. Título.

21-73468   CDD: 158.1
                                          CDU: 159.947

Camila Donis Hartmann - Bibliotecária - CRB-7/6472

Todos os direitos reservados, no Brasil, por
GMT Editores Ltda.
Rua Voluntários da Pátria, 45 – Gr. 1.404 – Botafogo
22270-000 – Rio de Janeiro – RJ
Tel.: (21) 2538-4100 – Fax: (21) 2286-9244
E-mail: atendimento@sextante.com.br
www.sextante.com.br

Sumário

Introdução   7

1. Algo está prejudicando você   12
2. Os fundamentos da Superação das Limitações Pessoais   20
3. As Cinco Leis das Limitações Pessoais   26
4. Visão geral: as 10 principais limitações fatais   35
5. Limitação fatal nº 1: À Prova de Balas (excessivamente confiante)   47
6. Limitação fatal nº 2: Ostra (pouco autoconfiante)   57
7. Limitação fatal nº 3: Docinho de Coco (superprotetor)   68
8. Limitação fatal nº 4: Crítico (exigente, implicante ou rude demais)   77
9. Limitação fatal nº 5: Iceberg (pouco afável)   91
10. Limitação fatal nº 6: Catatônico (paixão, visão ou vigor baixos)   104

11. Limitação fatal nº 7: Rolo Compressor (excessivamente dominante) **112**

12. Limitação fatal nº 8: Tartaruga (resistente a mudanças) **121**

13. Limitação fatal nº 9: Vulcão (agressivo, raivoso) **134**

14. Limitação fatal nº 10: Rápido no Gatilho (pouco autocontrole, impulsivo) **145**

15. Elaborando seu Plano de TrAção **160**

16. As limitações são pessoais: minha história **175**

17. Combinações de limitações pessoais **185**

18. A Superação das Limitações Pessoais começa em casa **199**

19. A Superação das Limitações Pessoais no trabalho **211**

20. Limitações pessoais e cultura **217**

21. Dando ouvidos aos demais: o poder da opinião sincera **225**

Conclusão: Criados em cativeiro **234**

Introdução

Se eu perguntasse a você *qual é a característica* que determina seu sucesso, o que você responderia? Seu talento? Suas aptidões? Sua formação acadêmica?

É possível que *outro* fator, além desses, defina até onde você chegará na vida? Será que aquilo que o detém – ou que o limita – pode ser um indicador mais exato do seu sucesso do que as capacidades ou os talentos que possui? E, caso seja possível identificar quais são essas limitações pessoais e livrar-se delas, você acredita que a partir daí será capaz de ampliar seus horizontes? Você optaria por se libertar de suas limitações se eu mostrasse quais são elas, onde se encontram e como o estão afetando?

Em caso afirmativo, junte-se a mim e a tantos outros que já deram fim à autossabotagem, identificando e anulando o que o impede de chegar aonde sempre desejou estar.

Como utilizar este livro

Após 30 anos ajudando clientes a se libertarem de comportamentos prejudiciais, resolvi concentrar minhas descobertas em um só lugar

– este livro. Os capítulos 1 a 4 ajudam a compreender o conceito de limitações pessoais e fornecem uma visão geral das 10 principais entre elas – as mais prejudiciais, que destroem carreiras e relacionamentos e causam problemas infindáveis à vida cotidiana. Cada uma delas é examinada individualmente nos capítulos 5 a 14 e ilustrada por meio de casos reais com que deparei durante anos de prática clínica, empresarial e educacional (em muitos deles, os nomes de pessoas e organizações foram alterados). O objetivo dessa seção é permitir que você se familiarize com essas limitações e consiga reconhecê-las em si mesmo e nos outros, seja isoladamente ou combinadas com problemas comuns.

Uma lista de sintomas o ajuda a "diagnosticar", ou identificar, as limitações mais graves no seu caso. Nessas avaliações, não se atenha por muito tempo na análise da sua pontuação. Utilize-a apenas para reforçar quais limitações parecem ter um impacto maior em você.

Ao observar as listas, você provavelmente vai identificar em quais áreas tem mais dificuldade. Talvez se sinta tentado a pular os capítulos que acredita não terem relação com você, mas recomendo que leia todos eles, pois compreender como essas dificuldades atingem aqueles à nossa volta é uma parte importante da Superação das Limitações Pessoais. Eu até incluí uma seção ao fim de cada capítulo para ajudá-lo a entender como interagir melhor com pessoas que sofrem de determinado problema.

As suas principais limitações pessoais serão identificadas oficialmente no capítulo 15. Mesmo que você descubra que possui várias delas, dedique-se a não mais que duas de cada vez. Após notar uma redução visível e mensurável na dificuldade – ou nas duas – que mais afeta você, pode passar para outras.

Ao longo do livro, você vai poder analisar as Etapas de TrAção sugeridas até estar pronto para elaborar seu próprio Plano de TrAção, utilizando as instruções contidas no capítulo 15. TrAção, com essa grafia, significa uma mistura de transformação com ação.

Ao iniciar o processo, você precisará pensar em dois ou três amigos, parentes ou colegas de confiança que irão apoiá-lo na execução de seu plano. A participação deles é muito importante pois eles devem desde ajudá-lo a identificar seus pontos mais fortes e suas limitações mais prejudiciais até lhe fornecer respostas na seção de resultados.

No fim, apresento opções referentes a "Como proceder agora?" com o objetivo de ajudá-lo a fazer do crescimento pessoal um estilo de vida. Mas quer você recorra apenas a este livro, quer escolha tomar medidas adicionais, o Plano de TrAção o levará a começar um sistema eficaz de acompanhamento e autoavaliação. Como resultado, cada limitação identificada será sistematicamente eliminada e substituída pelos comportamentos necessários para você atingir suas metas comportamentais.

PARTE I
Compreendendo as limitações pessoais

1.
Algo está prejudicando você

Tudo o que sei, eu aprendi com meus clientes. Depois de atender mais de 17 mil pacientes como psicoterapeuta e trabalhar com diversos educadores e empresas bem-sucedidas, acabei aprendendo *alguma coisa*.

O que eu sabia desde cedo era que queria dedicar a vida a ajudar as pessoas. Após terminar a pós-graduação, decidi trabalhar com crianças carentes e gangues de rua. Então, abri uma clínica que oferecia consultas gratuitas. Tínhamos poucos recursos financeiros, mas estávamos fazendo a diferença, e isso era o que mais importava. Comecei com uma equipe formada somente por voluntários e, aos poucos, fui reunindo profissionais para atender às necessidades mais difíceis que as pessoas nos traziam.

Janice e Tony me procuraram na clínica com uma semana de diferença. Eram adolescentes adoráveis, com muito em comum: vinham de famílias problemáticas, com casos de alcoolismo, cresceram lutando para sobreviver e começavam a seguir o mesmo rumo dos familiares. Prestes a destruírem a vida antes mesmo que ela começasse, eles procuraram aconselhamento psicológico.

Ambos tinham bastante energia e curiosidade, demonstrando uma capacidade intelectual e criativa que não fora desenvolvida na escola, mas sofriam de uma profunda falta de autoconfiança, o que não foi nenhuma surpresa, a julgar pelos desafios que já tinham enfrentado. Ainda assim, era muito triste.

Dez anos depois, Janice se formara em Direito e trabalhava como advogada na reitoria de uma universidade. Tony, por sua vez, havia sido preso sob acusação de homicídio em consequência de um tiroteio que tinha relação com tráfico de drogas. Por que Janice foi capaz de agarrar as oportunidades, enquanto Tony não conseguiu se livrar de suas desvantagens? *O que fez a diferença?* Em meus anos na clínica, conheci várias pessoas com históricos e aptidões semelhantes que alcançaram níveis de sucesso muito diferentes.

A despeito de minha dedicação e de minhas nobres intenções, nem todos superaram seus problemas. Já chorei bastante ao pensar no que ocorreu a algumas dessas pessoas. Muitos jovens foram assassinados durante o primeiro ano da clínica. Todas as mortes envolviam drogas, e os mesmos problemas se repetiam em cada história.

Ainda assim, muitas crianças atendidas na clínica tinham enorme potencial. Várias alcançaram feitos incríveis, porém outras não conheceram nada além de luta e decepção. Algumas superaram grandes obstáculos; outras, em situações quase idênticas, perpetuaram os ciclos de autodestruição – elas pararam de progredir, como se algo intransponível as estivesse detendo. Para esses jovens, a alternativa ao sucesso muitas vezes era a prisão, o abuso de drogas ou até mesmo a morte. Eu não podia ficar parado e vê-los serem derrotados sem sequer lutar. Precisava descobrir por que seu progresso só chegava até certo ponto – e o que eu poderia fazer para ajudá-los.

Comecei a trilhar o caminho que a vida me destinou há 35 anos, e ele acabou envolvendo muito mais do que crianças carentes e delinquentes. Minha carreira decolou, o que me deu a oportunidade de trabalhar com pessoas que buscavam a excelência em diversas áreas – de executivos e representantes de vendas que visavam atingir suas metas até atletas que queriam bater recordes mundiais –, e as experiências delas revelaram uma tendência comum: *o sucesso verdadeiro requer mais do que talento e habilidade.*

O que é o sucesso verdadeiro? É muito mais do que ganhar dinheiro ou chegar ao topo. Tem a ver com se tornar tudo o que você é capaz de ser – um ótimo filho, pai, chefe ou funcionário. É ser gentil e prestativo, ter a iniciativa de tornar o mundo um lugar melhor. É ser capaz de ver além dos objetivos pessoais e aprender a administrar suas tendências inatas ao egoísmo e à cobiça, de modo a ter mais empatia com quem partilha sua caminhada.

O sucesso verdadeiro é ser reconhecido como alguém que melhora a vida daqueles que toca – o que também significa buscar tocar mais pessoas, pois no fundo você *sabe que faz diferença.*

Muitos são apenas uma fração daquilo que poderiam ser, alcançando bem menos do que são capazes. Sonham fazer mais e ser melhores, mas algo maior do que seu talento parece amarrá-los com cordas e pesos invisíveis. Eu me senti instigado a descobrir o que é esse "algo". Se não conseguisse identificar o que prejudica as pessoas, como poderia ter a esperança de ajudá-las?

Pouco depois de me comprometer a buscar as respostas, resolvi examinar minha vida e descobrir o que estava *me* detendo. Percebi que, se conseguisse superar o que estava me impedindo de utilizar plenamente minha capacidade, eu ficaria quilômetros à frente no jogo da vida.

À medida que a clínica foi crescendo e se transformando em um dos maiores centros de saúde mental do Texas, aprendi que alguns pais se importam pouco – ou simplesmente não se importam – com os filhos. Muitas crianças que atendemos moravam na rua ou eram vítimas de abusos. Em 1988, nossa fundação construiu uma fazenda para meninos e, um tempo depois, uma para meninas. Nunca deixo de me admirar ao ver como as crianças desabrocham com cuidados "familiares".

Nos anos seguintes, tive a oportunidade de trabalhar com muitos executivos por intermédio do Centro para Desenvolvimento

Executivo da Universidade A&M, em College Station, no Texas, onde moro. Recebi o convite porque outras pessoas ouviram falar da diferença que estávamos fazendo na vida dos jovens. Foi uma época de enormes crescimento e desafio intelectual para todos nós. Algo que aprendi é que muitos executivos têm bastante em comum com crianças cheias de energia. De fato, em alguns casos eu não encontrava nenhuma diferença, exceto a idade! Com frequência os executivos enfrentam os mesmos problemas; apenas dão a eles nomes diferentes.

A busca da excelência

Enquanto isso, meus dois filhos estavam crescendo e eu queria que eles também se saíssem bem. Certa noite, eles começaram a discutir e, de repente, estavam gritando um com o outro. Quando cobrei explicações, um deles disse: "Ele não está fazendo o que eu mandei fazer!" Foi o mesmo que eu ouvira de um executivo naquela mesma manhã – *Você não está fazendo o que eu mandei!* – antes de ele começar a gritar com os funcionários. A falta de autocontrole não deu certo para Matthew e Micah nem para o executivo, que logo percebeu que estava à beira de uma inesperada crise profissional. Ao chamar a atenção dos meus filhos para essa questão, eu queria evitar que eles tivessem esse mesmo comportamento aos 40 anos. Como pai, eu queria que alcançassem seu máximo potencial e tivessem o melhor desempenho possível – não só profissionalmente, mas na vida. *Eu queria cultivar a excelência em meus filhos.* Hoje, eles são sócios em uma empresa bem-sucedida que adquiriram juntos.

Durante muitos anos, dei palestras para formandos da A&M. Normalmente, minha apresentação começava com uma pergunta:

– Por que vocês estão aqui?

A resposta era um auditório repleto de rostos inexpressivos, até que, invariavelmente, uma voz solitária entrava no jogo.

– Você diz aqui na A&M, aqui no auditório ou aqui na Terra?
– *Aqui.*
– Para conseguir um diploma!
– Por que você quer um diploma?
– Para arranjar um emprego.
– Por que você quer um emprego?
– Para comprar um carro!
– Bom, deixe-me ver se entendi. Você passou quatro anos na universidade e gastou 100 mil dólares só para conseguir comprar um carro. *É isso mesmo?*

Sob essa ótica, o investimento não parecia muito sensato.

É claro que as perguntas seguintes eram *para valer*:

– Para que vocês estão aqui? Quais são seus dons e talentos? Quais são seus sonhos? Por que se concentram em ter um carro, não em alcançar um ideal? O que aconteceria se aproveitassem a vida ao máximo? *O que vocês poderiam se tornar se identificassem seus pontos mais fortes e eliminassem suas piores limitações?*

Essa última pergunta, meu amigo, é a pergunta da sua vida.

Há muitos anos, aprendi que não importava quantas horas investisse ou quanto trabalhasse, não conseguia tirar muito mais proveito dos meus esforços. Eu dava o máximo de mim, mas continuava no mesmo lugar.

Meus clientes estavam presos a comportamentos e formas de pensar que eu acreditava que seriam capazes de mudar, se ao menos os reconhecessem e percebessem o dano que lhes causavam. Eles tinham talento e capacidade, mas permitiam que suas atitudes e ações os impedissem de empregá-los. Eu percebia também que certos comportamentos me impediam de atingir meu pleno potencial. Reconheci isso em outras pessoas que lutavam contra suas limitações: o maratonista que era veloz mas não tinha resistência mental; o promissor executivo júnior que era submisso demais para assumir o comando; a talentosa estudante cuja autocrítica exagerada a impedia de perceber seu real valor.

Meu objetivo era identificar os obstáculos e desenvolver técnicas para superá-los. Descobri que a maioria dos comportamentos limitadores tem em sua origem causas específicas e mensuráveis. Para libertar as pessoas dessas limitações comecei a elaborar estratégias que acabaram se transformando na Superação das Limitações Pessoais, o programa simples que criei para ajudar milhares de pessoas das mais diversas áreas profissionais e posições sociais.

Compreendendo os segredos do sucesso pessoal

Voltemos às histórias de Janice e Tony, os adolescentes que chegaram à clínica com desafios semelhantes. Ambos apresentavam alguns sintomas de baixa autoconfiança, tais como falta de iniciativa e dificuldade de tomar decisões. Porém, havia uma grande diferença. Tony também tinha uma falta de autocontrole que, por estar associada à raiva, causava um impacto profundamente destrutivo. No caso dele, as consequências foram devastadoras: impulsivo demais para controlar a agressividade, envolveu-se com traficantes de drogas e foi parar na cadeia.

Janice, por outro lado, teve autocontrole suficiente para seguir um plano de ação. Cumprindo as etapas traçadas pelo psicólogo para desenvolver a confiança, ela se uniu a um grupo de jovens dispostos a apoiá-la e a compartilhar o dia a dia com ela. Aprendeu que não era a única que tinha problemas e que sua vulnerabilidade acabava fortalecendo-a. À medida que colocava em prática métodos simples para aumentar a autoestima, como fazer contato visual, apoiar os outros e tentar relaxar e sorrir mais, sua autoconfiança foi aumentando. Ela reconheceu que seu comportamento estava comprometendo seu potencial e prometeu batalhar por um futuro melhor, que agora sentia que merecia. Com a recuperação da autoconfiança, os talentos naturais de Janice finalmente puderam desabrochar. Nas palavras dela, "comecei a sentir o gostinho do sucesso e a querer mais".

Dois caminhos opostos

O programa de Superação das Limitações Pessoais foi elaborado de modo a nos permitir tirar proveito do sucesso que nossos comportamentos autossabotadores têm nos impedido de alcançar. Nossas limitações só nos definem se permitirmos. Quando as ignoramos, deixamos que elas nos impeçam de progredir. Porém, quando as identificamos e buscamos superá-las, aumentamos drasticamente nossas chances de sucesso.

Daniel era um jovem executivo bem-sucedido, mas com pouca aptidão para incentivar os demais. Na época em que comecei a trabalhar com ele, fui contratado para prestar consultoria a uma organização filantrópica administrada por um jovem dinâmico chamado Peter. Curiosamente, ambos demonstravam pontos fortes e limitações bem semelhantes. Embora Peter dirigisse uma instituição filantrópica, não se sentia muito motivado a incentivar outras pessoas. Entretanto, o modo como os dois encararam as limitações pessoais não poderia ter sido mais diferente.

Quando me reuni com cada um deles em particular, Daniel e Peter tiveram a mesma reação: argumentaram que seus problemas não tinham tanta importância, caso contrário não seriam tão bem-sucedidos. Em resposta, perguntei a cada um o que pensava que aconteceria se eu chamasse às reuniões sua esposa ou os funcionários com quem tinham mais contato. Eles concordariam comigo a respeito dessas limitações? O que diriam?

Daniel foi rápido: "Acho que eles diriam o que eu lhes pedisse", respondeu rindo. Já Peter ficou mudo. Enquanto ele imaginava a cena, observei que lágrimas se formavam em seus olhos. "Minha nossa!", disse ele por fim, sofrendo com a percepção desagradável que os outros tinham dele. Peter me encarou e falou: "Eu vou mudar. Prometo."

Essa promessa foi o começo de uma viagem maravilhosa para Peter. Primeiro, ele se reuniu com a equipe do escalão mais alto da organização e pediu que lhe falassem com sinceridade sobre as limitações que os outros identificavam nele. Deliberadamente, planejara a primeira reunião com os colegas e não com a esposa, para não correr o risco de iniciar uma crise conjugal. Depois, elaborou um plano personalizado para lidar com as dificuldades apontadas. Começou a incorporar a seu dia a dia comportamentos afirmativos e estimulantes, fazendo elogios à equipe e perguntando como poderia ajudá-la a crescer e ser mais bem-sucedida.

A seguir, pediu a opinião da mulher. Em resposta ao que ouviu, fez várias mudanças. Cortou viagens desnecessárias, trocou partidas de golfe com amigos por programas com ela e passou a abraçá-la toda vez que se despediam e se reencontravam. Também passou a escolher as palavras com mais atenção, em vez de ceder à sua tendência a fazer críticas, e começou a dedicar mais tempo aos filhos. Em poucos meses, estava de volta ao meu escritório e novamente deixou as lágrimas rolarem – dessa vez, de alegria. Ele me disse que essa experiência transformara sua vida. "Hoje, tudo é diferente. Estou apaixonado por minha mulher, meus filhos e minha vida."

Daniel, no entanto, não obteve bons resultados. Em vez de se concentrar em suas limitações, ele sugeriu que consultássemos as pessoas à volta dele. Ele sabia que aqueles que não o conheciam de perto tinham uma visão tão positiva do trabalho desenvolvido por sua empresa que também seriam positivas com relação a ele. Contudo, Daniel não percebia que alguns integrantes-chave de sua equipe tinham pouco respeito por ele. Pouco tempo depois, quatro pessoas do alto escalão deixaram a empresa. Enquanto ele conseguir preencher as vagas, tudo parecerá bem, mas as demissões constantes já começam a minar Daniel e a empresa. Ignorando seus pontos fracos, ele está prejudicando o que construiu.

Embora todos estejam empreendendo a viagem da vida, nem todo mundo está disposto a observar o mapa para escolher o melhor caminho a seguir. Podemos decidir viver como sempre vivemos ou optar por identificar e superar aquilo que sempre nos limitou.

2.

Os fundamentos da Superação das Limitações Pessoais

Sempre me interessei por entender aquilo que torna algumas pessoas bem-sucedidas enquanto outras nunca conseguem chegar ao topo. Por que alguns atletas superam os próprios recordes e conquistam novos patamares nas modalidades esportivas que praticam? Por que alguns profissionais procuram sempre se aprimorar e se tornam cada vez mais bem-sucedidos enquanto outros permanecem estagnados? Eu tinha muitas perguntas e me ocorreu que a única forma de obter as respostas seria procurar o maior número possível de pessoas de sucesso, analisá-las e descobrir as diferenças existentes entre elas e os indivíduos de desempenho inferior.

E foi o que fiz.

Eu e minha equipe analisamos todas as pessoas a que tivemos acesso – um grupo realmente impressionante. Estudamos os melhores investidores de Wall Street e os maiores executivos do mercado. Analisamos vários entre os melhores atletas do mundo em todas as modalidades esportivas, além de crianças que obtinham notas e desempenhos excepcionais. Observamos personalidades da televisão, estudamos mães e pais que educavam os filhos de forma fantástica. Analisamos os principais educadores dos Estados Unidos e muitos dos gigantes da indústria. Líderes do comércio varejista e das Forças Armadas. E ainda estamos estudando todos aqueles que podem nos fornecer informações, pois queremos continuar refinando nossa percepção das diferenças entre as pessoas que alcançam o máximo desempenho e as que não o alcançam.

Teorias do sucesso

No cerne da Superação das Limitações Pessoais está a noção crucial de que não são só os pontos fortes que definem nosso sucesso. Por mais formidáveis que nossos talentos sejam, ficamos restritos por *comportamentos* que limitam nosso desempenho ou definem os motivos para nosso fracasso. Em outras palavras, *nossas limitações pessoais determinam nosso nível de sucesso.* Se você conseguir identificar esses pontos fracos e traçar um plano para superá-los, logo vai experimentar uma explosão de sucesso, produtividade e felicidade em todos os aspectos da sua vida. Em suma: você conhecerá quem você nasceu para ser.

A Teoria das Limitações Pessoais desafia duas abordagens comuns ao autoaperfeiçoamento que muitas vezes não deram certo com meus clientes: a Teoria da Personalidade e a Teoria das Forças. A primeira afirma que nossa personalidade é fixa e determina nosso modo de agir. Área vasta que abrange várias visões do "eu", às vezes até conflitantes entre si, a Teoria da Personalidade não é de grande ajuda na identificação de problemas ou de estratégias de melhoria. Concordo com a ideia subjacente de que nossas características ou tendências inatas muitas vezes definem quem somos, mas essa teoria não reconhece nossa grande capacidade de realizar transformações positivas em nossa vida e, portanto, é limitada como ferramenta para o crescimento. Dezenas de perfis podem descrever nossa personalidade. Testes como DISC, Myers-Briggs e Taylor-Johnson são interessantes e ajudam a classificá-la, mas não são particularmente úteis para promover mudanças comportamentais ou orientar o crescimento pessoal.

Outra linha de pensamento popular, a Teoria das Forças, afirma que, se prestarmos atenção nas direções em que nos movemos naturalmente, isso revelará nossas forças e nos mostrará onde devemos concentrar as energias. A lógica dessa teoria é mais ou menos a seguinte: nossa personalidade consolidada é resistente a mudanças, então devemos reforçar nossas habilidades naturais em vez de nos concentrar em áreas nas quais não temos um desempenho tão bom. Em outras palavras, citando a expressão que popularizou essa teoria, devemos "fazer valer nossas forças". É claro que concordo com o conceito básico da Teoria das Forças: por que trabalhar em um escritório quando se é um músico talentoso, ou manter um emprego que se detesta só porque o salário é bom? Descubra quais são seus dons, desenvolva-os e aplique-os para o bem maior.

A Teoria das Forças contribui para o sucesso, mas não é suficiente. Se você conhece seus pontos fortes mas está tentando passar para o próximo nível, investir nessas características não levará a um salto significativo no desempenho. A maioria das pessoas com quem trabalho não precisa ouvir que pode ser melhor naquilo em que já se destaca ou que deve gostar de si própria do jeito que é. Dizer a uma pessoa criativa mas sem autocontrole que apenas celebre e expanda sua criatividade, por exemplo, é contraproducente – seus dons nunca poderão ser expressos plenamente sem o foco e a disciplina proporcionados pelo autocontrole.

Nem a Teoria da Personalidade nem a Teoria das Forças foram muito úteis no meu trabalho. A ideia de que minha personalidade é imutável não ajuda muito quando estou tentando tornar minha vida melhor. E apenas ser informado de que preciso me concentrar em meus pontos fortes não menciona os comportamentos que preciso corrigir para poder avançar.

Em contraposição, a Superação das Limitações Pessoais se baseia na noção de que a mudança é mais do que possível: é imperativa.

Para vivermos plenamente, devemos aprender a minimizar nossas fraquezas comportamentais enquanto maximizamos nossos pontos fortes. É verdade que muitos obstáculos são difíceis de transpor, e um foco exagerado em nossas limitações pode ser bem frustrante e até mesmo deprimente. Contudo, ignorá-las é ainda pior.

As limitações pessoais delimitam fronteiras

Como as limitações pessoais determinam o sucesso?

É simples. Elas delimitam as fronteiras até onde poderemos ir, independentemente de quanto sejamos capazes ou talentosos. Suas limitações pessoais – seus comportamentos restritivos conscientes ou inconscientes – detêm e, em última instância, determinam seu nível de sucesso.

A maioria de nós conhece pelo menos uma pessoa que possui grandes talentos ou oportunidades, porém parece não tê-los aproveitado muito. Talvez você esteja se perguntando: *Eu tenho aproveitado ao máximo meu potencial?* Se você for como a maior parte das pessoas, a resposta será: "Provavelmente, não."

Mas o que torna algumas pessoas diferentes? O que faz com que algumas alcancem o topo de suas esferas pessoais e profissionais? Ao observar pessoas assim, perguntei a mim mesmo: *O que faz delas as melhores?* Foi então que me ocorreu o conceito de limitações pessoais. Eu soube, mesmo antes de concluirmos os testes, que de algum modo as respostas para minhas perguntas estavam mais nos pontos fracos do que nos fortes.

Livrando-se do excesso de peso

Há alguns anos levei meus filhos Matthew e Micah para nossa aventura anual: uma árdua trilha de seis dias pelas montanhas do Colorado.

Na manhã seguinte à chegada a Beaver Creek, fomos para a área de esqui, onde iniciaríamos a trilha. Pusemos as mochilas nas costas e caminhamos em direção ao teleférico que nos deixaria no ponto de partida. Ao contornarmos uma construção alta no sopé da montanha, toda a planície à nossa frente explodiu em cores. Mal conseguíamos acreditar no que víamos!

Não fazíamos ideia de que estávamos no meio do maior evento de balonismo do país. Enfeitiçados pela cena dos balonistas se preparando para alçar voo, observamos balões de todas as cores se encherem de ar e começarem a ocupar o céu. Pilotos e equipes se movimentavam apressados. As labaredas dos maçaricos pontuavam o zum-zum matinal, enquanto os balões inflados se preparavam para levar seus passageiros às alturas.

Um balão chamou minha atenção. A maioria das pessoas estava se afastando dele, pois tinha se tornado perigoso – o maçarico parara de lançar ar quente no balão antes que ele se inflasse por completo. Meio murcho e preso por uma corda longa, ele se movimentava devagar em círculo, derrubando tudo em seu caminho como uma imensa bola de boliche feita de náilon. Um membro da equipe tentava desesperadamente desamarrar uma corda, enquanto o balão causava um desastre em câmera lenta. Nós observávamos a distância enquanto o balão continuava dando trombadas, sendo puxado e tentando se livrar das amarras. Olhei para Matthew e Micah e disse:

– Meninos, eu sei como é sentir isso.

– Como assim, pai? – perguntou Matthew.

– Eu sei como é querer se soltar do chão estando amarrado a algo e tentar desesperadamente se libertar.

A seguir, expliquei que várias vezes "cordas" invisíveis me mantiveram preso enquanto eu tentava alçar voo. Apesar de meus erros e fracassos, eu sabia que estava destinado a ser mais do que aquilo. *Soltem-me e me deixem ir! Eu quero voar!*

Mais tarde, enquanto víamos os balões subirem aos céus, eu refleti mais um pouco sobre as incríveis semelhanças que temos com eles. Percebi que *todos* estamos a bordo de um balão de gás. E, quer reconheçamos isso ou não, todos estamos participando de uma corrida. Alguns ainda estão presos ao solo, procurando uma forma de se soltar. Há ainda aqueles que sobem, mas não conseguem ganhar altitude porque estão carregando muito peso. As cordas e os pesos os impedem de se libertar e subir.

Quando os balões começam a decolar, percebemos que alguns vão direto para cima, enquanto outros ficam planando perto do chão. Então alguém corre e grita para um dos que estão tentando alçar voo:

– O que está atrapalhando são os pesos! *Jogue os pesos fora!*

Após um instante, a pessoa na gôndola entende. *São os pesos que estão me detendo!* Ela começa a se livrar dos pesos o mais rápido possível, e dito e feito: o balão começa a subir.

A viagem que você está prestes a empreender está toda centrada em você: seu balão, seus pesos, suas amarras, as dificuldades que o detêm. Você pode optar por viver como sempre viveu *ou* escolher identificar e superar aquilo que não permite seu avanço. *Você pode voar* – e o ar, o cenário e a própria vida serão bem mais emocionantes quando você aprender a superar as limitações pessoais que o impedem de progredir.

Vamos encontrar os pesos da sua vida... e jogá-los fora do balão.

3.

As Cinco Leis das Limitações Pessoais

Mais de três décadas separaram meu trabalho com Janice e Tony do tempo que passei com Peter e Daniel.

Durante esses anos, minha empresa teve o privilégio de atender a nomes excepcionais das áreas de negócios, esportes e educação. As informações que coletamos contavam sempre a mesma história: em todas as áreas, pessoas talentosas e capazes estavam sabotando o próprio sucesso. Mas elas também estavam descobrindo que podiam alcançar seu potencial depois de identificar e superar as limitações que as prejudicavam. Com base nessas experiências e reflexões, criamos um sistema completo para identificar os fatores específicos que restringem nosso desempenho. Dessa forma, foi possível desenvolver um plano personalizado para vencê-los.

O cerne do sistema é composto por princípios simples que mostram o impacto das limitações pessoais em sua vida. Esses princípios, que chamei de as Cinco Leis das Limitações Pessoais, constituem a base do programa de crescimento pessoal que será apresentado nos próximos capítulos.

Lei nº 1: Todos temos limitações pessoais

Todos conhecemos figuras públicas que são vítimas do ódio, da cobiça e de fraquezas morais. Mas também estamos familiarizados com problemas em pequena escala – pais que reclamam demais dos filhos, o chefe defensivo demais que não aceita opiniões. Ter limitações faz parte do ser humano. Todos nós temos.

Como já vimos, algumas são mais prejudiciais do que outras. E não faz sentido preocupar-se com pequenas inconveniências quando uma catástrofe em potencial está nos aguardando logo adiante.

À medida que eu desenvolvia o processo de Superação das Limitações Pessoais, percebi que elas se dividem em três grupos:

1. **Limitações inconsequentes:** este grupo não faz muita diferença na vida diária, a menos que interfira em um papel ou trabalho específico. Por exemplo: ter pouco senso estético, ser baixo ou alto demais ou ser canhoto geralmente têm um impacto mínimo no sucesso de alguém.
2. **Limitações delegáveis:** são as deficiências para as quais você pode contratar alguém. São potencialmente graves, mas deixam de sê-lo se outras pessoas tiverem a solução. Por exemplo: falta de cuidado com a casa (contrate um empregado doméstico), desorganização (contrate um secretário ou assistente) e mau domínio da língua escrita (use corretor ortográfico ou contrate um revisor).
3. **Limitações intransferíveis:** estas terão impacto mais profundo na sua vida pessoal e profissional. Eu vivo tentando contratar alguém para fazer ginástica em meu lugar, mas nunca dá certo. Essas limitações incluem comportamentos como baixa autoconfiança, pouco autocontrole e outros problemas que só você pode mudar (como a falta de confiança nos outros). Cuidar deste grupo lhe trará os maiores benefícios.

Todos os casos deste livro enfocarão os comportamentos da terceira categoria. Não pretendo abordar limitações inconsequentes ou insignificantes. O que pode ser resolvido por alguém contratado certamente tem importância, mas sempre ficará em segundo plano com relação às dificuldades graves com as quais só eu sou capaz de lidar e que só eu posso corrigir.

Depois de pensarmos em nossas metas, nossos papéis e relacionamentos, estaremos em uma posição melhor para entender quais limitações podemos ignorar, delegar ou assumir. Saber a diferença é a chave para identificarmos as que têm maior impacto em nosso sucesso. Só então podemos pretender começar a colher os frutos que desejamos.

Lei nº 2: Não é possível transpor as limitações que não enfrentamos

Há uma velha história sobre como os caçadores capturam macacos na África. Eles esvaziam um coco, deixando um buraco do tamanho da mão do animal, colocam dentro um pedaço de laranja ou banana e o amarram a uma árvore. O cheiro atrai o macaco, que enfia a mão no coco e então percebe que o buraco não é grande o suficiente para que ele retire a mão e o pedaço de fruta. Para tirar a mão, ele precisa soltar o que está segurando. Só que ele não solta. Fica tão obcecado em conseguir pegar a comida que nem sequer larga o coco para fugir do caçador, que o captura facilmente.

Já viu isso antes?

Muitos de nós somos prisioneiros de nossas limitações e continuamos nos agarrando a elas com tenacidade – até mesmo a questões mal resolvidas do passado – porque não conseguimos ou não queremos encarar o problema. Assim como o macaco, ficamos paralisados e presos entre dois mundos, sem perceber que estamos escolhendo a negação em detrimento da liberdade.

Pense no jovem Tony indo parar na cadeia ou na falta de boa vontade de Daniel para se autoanalisar. Os problemas com os quais eles não lidaram os tornam incapazes de progredir em seus contextos. No caso de Daniel, o sucesso em outros aspectos da vida o levou a acreditar que ele não precisava dar atenção a suas falhas; já Tony provavelmente nunca acreditou que fosse capaz de mudar para melhor.

As duas posturas são prejudiciais: superar nossas limitações é possível e necessário se quisermos aproveitar a vida ao máximo. Aceitar esse fato nos ajudará a abandonar o velho e acolher o novo.

Lei nº 3: Nossas limitações pessoais atuam em todas as esferas da nossa vida

Incentivei Peter a ouvir os colegas e a mulher por um motivo: é bem provável que os problemas que surgem no trabalho ocorram também em casa. As limitações o acompanham aonde quer que você vá. O objetivo de reconhecer nossas deficiências não é condenarmos a nós mesmos, mas compreendermos o impacto que isso tem em nossa vida.

As limitações pessoais assumem várias formas. Embora a maioria seja comportamental, às vezes uma dificuldade física ou intelectual interfere tanto que pode prejudicar o esforço que fazemos para tocar a vida. Em geral, todos fingem não ver, acreditando que estão sendo gentis, mas acabam causando mais danos à pessoa, que não enfrenta o problema.

Vejamos o caso de Richard. Tínhamos acabado de nos reunir com os executivos de uma empresa com a qual estávamos trabalhando. Antes de ir embora, eu quis consolidar as últimas informações. Fiz uma pergunta aos dois homens que estavam comigo:

– Poderiam falar sobre Richard? Ele parece ser brilhante.

– Ele é inteligente e muito ético – respondeu o presidente.

Minha próxima pergunta os surpreendeu:

– Por favor, me contem sobre a protuberância na cabeça dele. Vocês sabem o que é?

Eles se entreolharam. Parecia que nenhum dos dois queria reconhecer o que era a característica física que mais chamava atenção em Richard: uma grande saliência na lateral da testa.

– Quando foi contratado, ele tinha um calombo, mas depois foi crescendo – disse um deles. – No início não era um problema, pois suas tarefas e área de responsabilidade eram limitadas. Mas, hoje em dia, ele tem reuniões com clientes e representa a empresa em vários compromissos. Nunca tocamos nesse assunto com ele. Nem saberíamos por onde começar.

– Pode deixar que eu falo com ele e descubro qual é o problema.

Ambos pareceram chocados ao constatar que eu pretendia discutir a questão. Agendei a visita seguinte à empresa e marquei conversas particulares a fim de avaliar as limitações pessoais de alguns funcionários, entre eles Richard.

Sou analista; meu desejo é falar sobre *tudo* o que possa afetar o bem-estar e as chances de sucesso das pessoas. Por mais que o problema de Richard fosse delicado, seus desdobramentos não eram. Como ignorar uma saliência do tamanho de uma bola de golfe na testa de um homem, bem acima do olho direito?

Quando voltei lá, Richard e eu nos sentamos na sala dele e, após alguns minutos de conversa, toquei no assunto.

– Richard, me fale sobre a protuberância na sua cabeça.

Ele me olhou espantado e perguntou:

– Ela o incomoda?

– Nem um pouco – respondi. – Mas talvez esteja interferindo na sua carreira, e *isso*, sim, me incomoda. Quero saber se há alguma forma de ajudar.

Ele me contou a história:

– Quando estava no ensino médio, eu jogava futebol americano muito bem, mas só media 1,75m. Então, tomei esteroides. Cerca de seis meses depois, surgiram alguns calombos nos braços e nas costas, e este aqui começou a aparecer um ano depois. Na época, eu achava que valia o risco para poder jogar com os grandões, mas hoje tenho que conviver com as consequências das escolhas que fiz.

– Você já tentou descobrir se ele pode ser removido? – perguntei.
Ele fez que não com a cabeça.
– O que sua mulher diria se você perguntasse a opinião dela?
– Você conhece alguma mulher que queira se casar com um cabeça-torta? – Ele perguntou, rindo.

Agradeci a franqueza e o senso de humor em relação ao problema. Concordamos que ele talvez não precisasse conviver com a protuberância. Ele consultaria um médico a fim de saber o que poderia ser feito.

Richard marcou a consulta e, após o exame, o médico insistiu para que ele removesse logo o tumor, pois ele estava começando a se fixar no crânio. O seguro-saúde cobriu a maior parte das despesas e a empresa pagou a diferença. Sem a saliência na cabeça e com uma expectativa de vida mais longa, a história de Richard teve um final feliz.

Mas vale a pena examinarmos estas questões: *Faz bem a um homem viver com uma protuberância na cabeça que ninguém jamais menciona? As pessoas devem permitir que amigos, parentes e colegas convivam com algo que prejudica seu desempenho, sua aparência e/ou seu sucesso sem procurar uma forma de ajudar? Não vale a pena correr o risco de enfrentar um ou dois momentos de constrangimento para se livrar – de uma vez por todas – de um grande incômodo?* A protuberância na cabeça de Richard o acompanhava a todas as partes e suscitavam piadas ou comentários na ausência dele.

É claro que essa não é uma situação típica e, como psicoterapeuta, tenho a vantagem de ser visto como alguém que está ali para ajudar. Em questões que requerem grande sensibilidade, em geral o privilégio de falar sobre assuntos íntimos ou difíceis deve ser conquistado com confiança, à medida que se constrói o relacionamento. E vale a pena assegurar-se primeiro de suas motivações e ter certeza de que está fazendo isso porque quer o melhor para *o outro*, não porque aquilo incomoda *você*.

Além disso, muitos não percebem que algumas limitações pessoais são tão visíveis para os demais quanto uma protuberância na cabeça – problemas que os outros não mencionam, mas que não lhes permitem focar nossos maiores atributos. Precisamos examinar com franqueza o impacto que cada deficiência tem em nós e naqueles à nossa volta – pessoas queridas, parentes, funcionários. Todos eles merecem o melhor que possamos lhes oferecer. Há uma boa chance de descobrirmos algo em que precisamos melhorar. Talvez até percebamos que não é tão difícil quanto parecia e que os benefícios compensam de longe nossos medos iniciais.

Lei nº 4: As limitações pessoais estão atreladas às tarefas

Nasci com discalculia, déficit no aprendizado de matemática. Imagine o que aconteceria se eu fosse contador. Minha dificuldade com números faria de mim uma péssima escolha para esse cargo, e talvez eu até levasse a empresa à falência e seus diretores à cadeia. Embora os comportamentos tendam a permear todos os aspectos da nossa vida, paradoxalmente eles só se transformam em limitações quando impedem que alcancemos objetivos específicos.

O impacto das nossas dificuldades pode variar, dependendo do nosso papel ou do contexto em que estivermos. O comportamento que nos restringe em uma área pode ser vantajoso em outra. Por exemplo, uma pessoa com um comportamento agressivo terá muito mais problemas se for professor do ensino médio do que se for técnico de futebol, embora precise administrar sua agressividade em todos os aspectos da vida. Ser analítico talvez ajude um físico no trabalho, mas pode se tornar um empecilho para alguém com um cargo na área de vendas ou de marketing.

Ser pouco agressivo não é bom para quem pratica automobilismo e ter baixa autoconfiança não é bom para um cirurgião. Eu não gostaria de ter um professor pouco atencioso nem um contador criativo demais. É simples: nossas deficiências pessoais estão atreladas às tarefas que executamos.

Para compreender plenamente nossas limitações, devemos considerá-las em termos dos vários papéis que desempenhamos na vida. Precisamos avaliar cada uma dentro de seu contexto e determinar se ela está nos impedindo de obter o melhor resultado possível em uma dada posição ou situação.

Lei nº 5: Vence quem tiver menos limitações

Aqui chegamos ao cerne da Superação das Limitações Pessoais: a recompensa por vencer suas limitações. Ano após ano, provamos que *as pessoas que decidem identificar e eliminar suas limitações pessoais se saem melhor do que aquelas que não tomam essa decisão*. É uma questão de física: quanto menor o fardo que você carregar, mais longe irá. Esta lei traz esperança: você pode fazer algo a respeito da sua situação atual que também terá impacto sobre seu futuro.

Mas aqui a situação fica um pouco complicada, então acompanhe meu raciocínio. Não estou dizendo que aqueles *com o menor número de limitações* vencem, mas sim que se saem melhor aqueles que *aprendem a minimizar ou eliminar limitações significativas*. Estas costumam interferir e causar danos a relacionamentos e à sua capacidade de realizar um trabalho excelente. Aqueles com menos limitações significativas terão um desempenho melhor. Esse conceito requer um exame mais atento, pois a filosofia por trás dele é importantíssima.

É verdade que muitas pessoas nascem com menos limitações do que outras. Por exemplo, Vern Hazard, um dos integrantes da minha equipe, foi modelo internacional e viajou o mundo todo. Ele é bonito, atlético e estudioso da língua inglesa. A maioria de nós não recebeu os dons que ele possui. Contudo, ter nascido com menos limitações e restrições *não* é o mesmo que crescimento pessoal. Promover o crescimento pessoal significa dar atenção a tudo o que impede que você atinja seu pleno potencial. Não devemos confundir alguém que está cercado desses atributos com alguém que aprendeu a aplicar seus dons de formas valiosas. Vern trabalha muito para ser o melhor em tudo o que faz. Sim, ele é talentoso, mas o que o torna diferente é sua paixão e sua determinação.

Em última instância, este livro é sobre *vencer*. Isso não significa apostar corrida ou ganhar mais dinheiro. Significa que você vai se tornar o melhor que pode ser. Você ganha o prêmio por ser *você* – o melhor você que existe.

4.

Visão geral: as 10 principais limitações fatais

Todos temos limitações potencialmente prejudiciais e, às vezes, perigosas. O que você pensa de um pai ou uma mãe que não oferece apoio suficiente aos filhos? Ou que os proteja demais e, deixando de impor limites, seja permissivo demais? O que dizer de um chefe ou de um colega de trabalho que não aceite críticas? É fácil reduzir o risco representado por nossas dificuldades, mas mesmo aquelas que parecem inofensivas podem ter repercussões em uma escala mais ampla. Como descobrir quais são elas? O que fazer a respeito?

Chamei de "limitações pessoais" essas características que prejudicam nosso desempenho, porque é isso que são. Elas nos restringem, impedindo-nos de avançar e de enxergar o mundo sob uma nova perspectiva.

A verdade é que *todos nós temos limitações*. E mais de uma, duas ou três. O segredo é identificar aquelas que têm mais impacto em nossa vida.

Como psicoterapeuta, preciso cumprir duas tarefas importantes com todos os pacientes: primeiro, fazer um diagnóstico; segundo, prescrever o tratamento adequado. O diagnóstico de qualquer situação tem uma importância crucial. Se ele estiver errado, será difícil – se não impossível – prescrever o tratamento correto.

Então, como fazer para identificar corretamente o problema e iniciar o processo de mudança?

Foco preciso

Certo sábado de manhã, eu estava me preparando para sair a cavalo quando Susan me pediu que conversasse um pouco com ela. Eu não queria perder muito tempo, mas percebi que ela estava pensativa e me dispus a ouvi-la. Susan começou a dizer que eu estava trabalhando demais e sentia que eu precisava fazer alguma atividade para relaxar, me dedicando a outras motivações que não fossem negócios e trabalho. No início não concordei, pois gosto do que faço, mas sabia que ela tinha razão.

Ela, porém, me surpreendeu:

– Por que não começa a jogar golfe?

Era a última coisa que eu esperaria ouvir dela.

– Querida, não jogo golfe desde criança. Por onde eu começaria? E, antes de mais nada, por que faria isso?

Ela já esperava por essas perguntas e, depois de respondê-las, sugeriu:

– Na próxima vez que estiver na Flórida, por que não faz uma aula com um dos técnicos de jogadores profissionais e vê se gosta?

Poucos meses depois, lá estava eu em um campo de golfe na Flórida, com um técnico conhecido. Ele já havia treinado excelentes golfistas e me olhava como se eu fosse um peixe fora d'água. Depois de filmar uma tacada minha (para entreter as outras pessoas, imagino), ele começou a enumerar tudo o que estava errado com meu movimento: eu precisava mudar a forma de empunhar o taco, dobrar mais os joelhos e girar mais o quadril. Também precisava corrigir o arco a cada tacada, senão elas nunca seriam consistentes.

Depois veio uma explicação sobre como eu "usava" demais o pulso. Também ouvi comentários sobre deixar a cabeça parada enquanto dava a tacada e, ao mesmo tempo, manter a coluna reta. A cada nova instrução, eu esquecia os outros movimentos que também devia executar. Ao fim da aula, a confusão era tanta que eu não sabia mais o que estava fazendo. Eram informações em excesso. Eu me sentia paralisado e incapaz de fazer qualquer coisa.

Foi uma felicidade quando entrei no avião para voltar. Alguns meses depois, tive outra aula de golfe, dessa vez com Jeff Hunter, o técnico mais experiente do Miramont Country Club de Bryan, Texas. Jeff é um ótimo professor. No campo, ele me observou por um tempo enquanto eu dava algumas tacadas e disse:

– Você precisa finalizá-las melhor – constatou ele e fez uma demonstração, movimentando o taco até chegar à posição correta no fim da tacada.

Eu pratiquei alguns lances, sentindo a grande diferença que esse pequeno ajuste fazia. Após um ou dois minutos, levei um susto ao ver Jeff dando as costas para mim e se dirigindo à sede do clube.

– Ei! Espere aí! Para onde está indo? – chamei.

– Por enquanto, você só precisa praticar esse movimento. Treine isso e nos falamos quando você o estiver executando bem.

Eu só precisava praticar aquele movimento. Impressionante.

Uma hora depois, ele passou por mim de novo e comentou:

– Ainda há alguns pontos a serem corrigidos nesse movimento, mas isso é o que importa agora. Continue treinando e nos vemos daqui a algumas semanas. – E foi embora.

Só um movimento. Pratique-o e conversamos depois que você o estiver executando bem. Essas palavras foram música para os meus ouvidos, pois ele havia me mostrado o ponto de partida. Era algo que eu podia fazer: treinar e constatar meu progresso. Eu não precisava pensar em 10 movimentos – apenas em um. *Leve o taco até o fim e fique parado.*

Passado algum tempo, eu estava pronto para a lição seguinte.

Esta foi ainda melhor. Ele disse que eu precisava valorizar mais minha "grande finalização" fazendo contato com a bola. E lá se foi de novo.

A cada aula, ele acrescentava um objetivo. É claro que fazia mais comentários do que estou reproduzindo aqui, mas a ideia era sempre a mesma: "Não é possível consertar todos os movimentos ao mesmo tempo. É preciso se concentrar em um de cada vez. Você tem que identificar quais mudanças irão lhe trazer os maiores benefícios. É nisso que precisa trabalhar." Que estratégia ótima! Eu ainda não sou o golfista que pretendo ser, mas meu desempenho já melhorou e estou sempre disposto a aprender.

Quero fazer aqui uma reflexão. Você diria que a principal explicação para meu baixo desempenho eram meus tacos ou minha falta de experiência? É claro que era minha falta de experiência. Mas quantos golfistas trocam constantemente de taco e constatam que ainda assim não jogam melhor? Se a mudança que estiver implementando for em fatores que não fazem a menor diferença e se ignorar os que de fato importam, você estará apenas perdendo tempo e dinheiro, isso sem falar da frustração que se sente quando os esforços não geram grandes resultados.

Jeff me ensinou a me concentrar em um único movimento – um passo de cada vez – para melhorar no golfe. Existe um detalhe e um ponto de partida para todo desafio com que nos deparamos.

A Superação das Limitações Pessoais não é diferente. Primeiro, você identifica sua principal dificuldade e investe em modificá-la. Após tê-la superado, pode se dedicar à limitação significativa seguinte. Assim é o processo, concentrando os esforços naquilo que você precisa fazer a cada momento.

Tenha em mente que isso é um *processo*. Se você estiver realmente se desenvolvendo, ele não acabará nunca. Você se dedicará à primeira limitação e depois identificará a seguinte. A cada nova etapa, constatará que sua vida está melhorando e que seu desempenho é superior ao de antes.

Tanto faz se sua deficiência mais séria é falar de mais ou de menos; se é ser preguiçoso, tímido, estourado ou perder tanto tempo organizando sua vida que você nunca a aproveita de fato. O que é importante é que, no ano que vem, você não tenha o mesmo nível de limitações pessoais que neste ano. Isso é crescimento.

Identifique suas limitações

O diagnóstico mais útil é aquele que identifica algo que pode ser mudado. Portanto, o primeiro passo é fazer uma avaliação precisa da principal ou das duas principais limitações que mais afetam sua vida. Entre elas, podem estar incluídos quaisquer comportamentos, atributos ou problemas psicológicos que o impeçam de atingir o máximo desempenho.

Inevitavelmente, existem algumas limitações que não podem ser mudadas, como as físicas. Por exemplo, não importa quanto você queira jogar basquete, não é possível ficar mais alto. O foco da Superação das Limitações Pessoais é nosso *comportamento*, pois nossas ações estão dentro do escopo que somos capazes de controlar. Se conseguirmos trabalhar nossos comportamentos limitadores, poderemos provocar transformações significativas em nossa vida. Esse fato nos leva à pergunta que está no cerne do crescimento pessoal: *que comportamentos eu preciso mudar e como mudá-los?*

A crítica é essencial

Lamentavelmente, somos o pior juiz das situações que vivemos. Nossas limitações podem ter se desenvolvido pelo simples fato de não as enxergarmos, ou podem justamente impedir nossa capacidade de reconhecê-las. Seja como for, os anos como psicoterapeuta me convenceram de que a autoavaliação, por si só, não é eficaz. Ao longo do tempo, pedi a muitas pessoas que me enumerassem as áreas em que mais precisavam melhorar, e muito poucas me deram uma resposta minimamente precisa.

O fato é que a autoavaliação é um paradoxo. Não dá certo pegar um livro de autoajuda, lê-lo sozinho e pensar que você se examinou com precisão *por conta própria*. Embora seja um bom começo, a autoavaliação é somente uma parte da equação. Se eu vivesse sem tomar conhecimento das críticas, poderia pensar que meu cabelo é volumoso (mesmo vendo-o ficar mais ralo a cada ano) e que eu tenho tudo para ser um jóquei campeão (o que é improvável, pois meço 1,90m). O problema é que a realidade nem sempre confirma nossas ilusões sobre nós mesmos, e eu quero viver na realidade (pelo menos a maior parte do tempo). Como não podemos nos autoavaliar plenamente, precisamos de opiniões alheias para construir uma imagem mais completa. Embora este livro ofereça os recursos necessários para elaborar um plano que lhe permitirá superar com sucesso suas limitações pessoais, são as pessoas à sua volta que podem possuir as principais chaves para um diagnóstico eficiente.

Quando a motivação encontra a ciência

Há alguns anos, minha empresa iniciou um processo longo e rigoroso de identificação das limitações pessoais. Nós nos reunimos e comparamos dados sobre comportamentos e atitudes de pessoas com alto desempenho em diversas áreas, entre as quais executivos, professores, atletas profissionais, mães em tempo integral, assistentes administrativos, profissionais da construção civil, gerentes de níveis intermediários, vendedores, médicos e administradores de fazendas.

Eu queria saber que características eles tinham em comum e o que tornava essas pessoas diferentes das demais. Por isso também coletamos dados sobre aquelas com desempenho ruim.

Ao analisar as informações, fizemos descobertas surpreendentes. Mesmo em ocupações diferentes, os melhores profissionais apresentavam um padrão consistente em comum que os distinguia das pessoas com baixo desempenho. Ao combinar esses dados com minhas anotações sobre estudos de casos e análises, elaboramos um processo realmente inovador e com comprovações estatísticas.

Ao longo desse estudo, identificamos 10 limitações cruciais que – isoladas ou combinadas com outras – repetidamente causavam os maiores danos ao crescimento pessoal, a relacionamentos e carreiras.

Nós as denominamos as 10 Principais Limitações Fatais. Eu as ilustrarei com exemplos para que você as reconheça em si próprio e nos outros. Isso vai lhe propiciar um "diagnóstico" e uma "prescrição" eficientes – incluindo os passos para que você dê início ao processo de superar cada dificuldade.

À medida que for lendo cada capítulo e completando cada autoavaliação, tenha em mente que as avaliações são somente uma parte do processo de identificação. Você poderá descobrir que tem muitos sintomas de uma limitação, poucos de muitas outras, ou vários sintomas de poucas deficiências. Talvez até descubra que só tem dois ou três sintomas de uma limitação pessoal, mas, se esses sintomas forem vistos com frequência na "cena do crime" quando surgem questões profissionais ou amorosas, cada um deles precisará ser tratado com seriedade se você realmente deseja avançar na vida. De fato, existem algumas pessoas que não apresentam nenhuma dificuldade em um nível perigoso, somente nuances de algumas limitações que vêm à tona, sobretudo, em momentos de estresse. Além disso, há uma seção ao fim de cada capítulo dedicada a ajudar você a lidar de forma eficaz com o problema em questão ao identificá-lo em si próprio ou nas pessoas à sua volta. Todos influenciamos e exercemos efeito sobre os outros, para melhor ou para pior, e compreender *por que* fazemos *o que* fazemos é um ótimo começo para ajudar outras pessoas a darem uma guinada na vida.

Para você ter uma prévia da natureza dessas limitações, nós qualificamos cada uma delas:

- À Prova de Balas (excessivamente confiante)
- Ostra (pouco autoconfiante)
- Docinho de Coco (superprotetor)
- Crítico (exigente, implicante ou rude demais)
- Iceberg (pouco afável)
- Catatônico (paixão, visão ou vigor baixos)
- Rolo Compressor (excessivamente dominante)
- Tartaruga (resistente a mudanças)
- Vulcão (agressivo, raivoso)
- Rápido no Gatilho (pouco autocontrole, impulsivo)

PARTE II

Identificando as limitações pessoais

Qual é a sua limitação pessoal?

Nos próximos capítulos você irá aprender a respeito das 10 Principais Limitações que a maioria de nós enfrenta. Mas antes de discutir cada uma delas, sugiro que faça uma avaliação rápida para saber quais estão restringindo você e a que áreas precisa se dedicar mais.

- Você tem dificuldade em admitir um erro?
- Você é teimoso?
- Sua primeira reação à opinião dos outros é avaliar em que aspectos ela não é precisa?

Nesse caso, talvez você seja **À Prova de Balas**.

- Você gostaria de ser mais confiante?
- O que as outras pessoas pensam de você tem importância?
- Você tem dificuldade em deixar seus erros para trás?

Nesse caso, talvez você seja uma **Ostra**.

- Às vezes você é incapaz de dizer não?
- Você tem dificuldade em dizer o que pensa?

- Você costuma se envolver em tarefas demais e ficar desgastado?

Nesse caso, talvez você seja um **Docinho de Coco**.

- Você é muito exigente consigo mesmo e com os demais?
- De modo geral, você é cético com relação a ideias e opiniões?
- Você se recorda dos erros que outras pessoas cometem?

Nesse caso, talvez você seja **Crítico**.

- Já disseram que é difícil entender você?
- Já se perguntou por que outras pessoas têm relacionamentos mais profundos do que você?
- Você tem dificuldade em expressar afeto e emoção?

Nesse caso, talvez você seja um **Iceberg**.

- Você precisa se esforçar muito para se motivar?
- Você protela muito suas tarefas?
- As pessoas interpretam errado seu jeito descansado de ser?

Nesse caso, talvez você seja **Catatônico**.

- Estar no controle é importante para você?
- Suas opiniões firmes fazem com que outras pessoas pensem que você não dá ouvidos a ninguém?
- Você completa as frases de outras pessoas?

Nesse caso, talvez você seja um **Rolo Compressor**.

- Mudanças e incertezas deixam você nervoso?
- Você tem dificuldade em mudar de rumo?
- Você dá preferência a abordagens testadas e aprovadas?

Nesse caso, talvez você seja uma **Tartaruga**.

- Em desavenças, você tende a dar a última palavra?
- Suas emoções se intensificam quando você se sente desafiado?

- Você se frustra com as pessoas frequentemente?

Nesse caso, talvez você seja um **Vulcão**.

- Você aprecia a espontaneidade?
- Você toma decisões rápidas?
- Você fica entediado facilmente?

Nesse caso, talvez você seja **Rápido no Gatilho**.

5.

Limitação fatal nº 1: À Prova de Balas

(excessivamente confiante)

Em psicologia, há um conceito que designa as ilusões egocêntricas de grandeza: complexo de Napoleão. Há uma razão para que o nome do imperador francês represente a limitação causada pelo excesso de autoconfiança.

Na noite de 23 de junho de 1812, Napoleão e seu exército cruzaram o rio Niemen para dar início à invasão da Rússia. Seu objetivo era derrotar dois exércitos russos e incluir aquele país na sua lista de territórios conquistados. Sob seu comando estavam quase 500 mil soldados do total de 600 mil da Grande Armada francesa.

A marcha até Moscou foi longa e árdua. Antes de completar os cinco meses durante os quais se estenderia a viagem de Paris a Moscou, Napoleão já havia perdido mais de 380 mil homens. A falta de suprimentos, a devastação causada pela disenteria, a perda de milhares de cavalos e carruagens, além do desânimo de tentar enfrentar um inimigo que recuava estrategicamente, destruindo tudo pelo caminho, foram minando as forças do imperador. Ao longo do trajeto, Napoleão submeteu seus soldados a exigências absurdas. Quando chegaram a Moscou, 14 de setembro, só restavam 100 mil homens.

Ainda assim, recusando-se a aceitar a derrota humilhante, o megalomaníaco Napoleão relatou de forma totalmente diferente a batalha de Smolensk: "Realizei manobras em um país que via com bons olhos a mim e a França; a população e as autoridades estavam do meu lado; eu conquistei homens, cavalos, mantimentos; e Smolensk é uma cidade fortificada" ("Memórias de Napoleão", 1812).

Nada disso estava próximo da verdade. Ele não foi bem recebido nem conseguiu obter cavalos ou mantimentos. Na verdade, perdeu cerca de 7 mil soldados na conquista de Smolensk. Napoleão não conseguia enxergar nada além de seu ego. Sua autoconfiança não era um farol que lhe permitia avançar com segurança, mas uma luz ofuscante que obscurecia a realidade.

A chegada a Moscou deveria representar uma vitória gloriosa, mas foi, na melhor das hipóteses, uma conquista sem sentido. Os próprios russos abandonaram e incendiaram a cidade para não permitir que Napoleão a ocupasse. Com menos de 25% de seu efetivo, nada além de uma cidade queimada como recompensa e o medo de perder o controle na França, Napoleão não teve escolha senão retornar a Paris. Estava começando um inverno rigoroso na Rússia e o restante da desmoralizada Grande Armada francesa foi perseguido o tempo todo pelos russos e pelos cossacos, sendo forçado a voltar pelo mesmo caminho destruído, sem abrigo, comida ou suprimentos.

Napoleão partira com quase 500 mil soldados e retornou a Paris com menos de 10 mil. Em menos de um ano, perdeu quase meio milhão de homens. *Ainda assim, declarou que sua campanha tinha sido uma vitória!*

Sua entrada em Paris teve toda a pompa e circunstância digna de um líder que retorna vitorioso de uma campanha militar arrasadora. Confiante em sua realidade, ele declarou sua vitória sobre os russos e celebrou a derrota de Moscou.

Aqui está o ponto crucial. Napoleão acreditava na realidade dele. Não na realidade, mas na *sua própria* realidade.

De modo geral, a autoconfiança é algo bom. Devidamente equilibrada, é ótima. Porém, a confiança excessiva talvez seja uma das limitações pessoais mais perigosas entre as que listei neste livro. Eu já vi pessoas apostarem as economias da vida toda em um palpite. Mesmo depois de perderem tudo, *continuaram* acreditando que estavam certas. Isso acontece porque elas creem que são À Prova de Balas.

Se só estivessem arriscando o futuro ou a própria vida, talvez não fosse tão ruim apostar tudo naquilo em que acreditam. Mas não é bem assim.

As pessoas com essa limitação pessoal comprometem tudo o que conseguiram acreditando que têm razão. Infelizmente, "tudo" costuma envolver também a vida e o futuro de outras pessoas.

Napoleão não apostou o futuro *dele* na campanha da Rússia. Apostou o futuro dos *outros* – a vida dos outros. Meio milhão de homens e suas famílias perderam *tudo* por causa de sua missão fracassada. Napoleão acreditava que não precisava aceitar um tratado, pois poderia ter tudo o que quisesse com uma conquista militar. Infelizmente, seu ego o impediu de admitir a catástrofe que ele próprio havia causado.

A liderança envolve algumas demandas e responsabilidades especiais. Os líderes sempre devem pesar os ganhos e as perdas e precisam estar dispostos a pagar o mesmo preço que esperam que os outros paguem. Por exemplo, como sócio de uma empresa, não tenho o direito de pedir à minha equipe que me apoie em um projeto se eu não estiver disposto a compensar o sacrifício que ela precisará fazer para colocá-lo em prática.

O excesso de confiança de Napoleão impediu que ele percebesse a realidade do que estava fazendo. Como é possível que alguém passe diariamente ao lado de milhares de homens mortos, cavalos abatidos e pessoas morrendo de tifo e de fome, e ainda assim não perceba que algo está terrivelmente errado? O excesso de autoconfiança é uma força que cega e pode ser fatal.

Ele está presente em funcionários públicos, como o político que encara o povo e nega a verdade, acreditando que está acima da lei e que os fins justificam os meios; também em jovens que não aceitam a realidade de que outra pessoa venceu a competição que tinham certeza de que ganhariam; em homens e mulheres que arriscam tudo o que têm e perdem, sem conseguir ver que essa perda está diretamente vinculada à sua incapacidade de avaliar a situação com objetividade em razão do excesso de autoconfiança.

Um dos maiores indicadores do grau de limitação causado pelo excesso de confiança é a incapacidade de uma pessoa de dar ouvidos aos conselhos dos demais. Quando ela deixa de ouvir os outros, a única voz que lhe resta é a própria. Esta pode ser solitária e ludibriadora, sobretudo se a pessoa achar que sempre tem razão. Napoleão não dava ouvidos a ninguém. E nem precisava: ele era À Prova de Balas. Mas estava enganado.

Pontocom.fiança excessiva

Aqueles que têm autoconfiança extrema costumam apresentar uma personalidade dominante e agressiva. Percebemos esse comportamento em muitas carreiras e atividades consideradas atraentes hoje em dia, além de profissões mais tradicionais, como executivos de vendas e de marketing. Muitas vezes, as pessoas excessivamente autoconfiantes exercem um forte magnetismo e sempre parecem ter resposta para tudo. Muitos empreendedores apresentam essa limitação. De certa forma, eles precisam ter muita autoconfiança para se arriscar a iniciar um negócio que outras pessoas não conseguiriam ou não estariam dispostas a encarar. Porém, se essa autoconfiança não estiver em equilíbrio com outras características, como autocontrole e/ou modéstia, ela acabará causando mais mal do que bem.

Durante o auge das pontocom, no fim dos anos 1990, participei de reuniões com alguns investidores que avaliavam determinadas oportunidades de negócios. Em um desses encontros, o ex-presidente de uma pontocom falou de um empreendimento novo e promissor. Ele acabara de vender as ações de sua empresa anterior e deixou bem claro que havia feito uma jogada de mestre. Estava claro que seu objetivo era usar suas estratégias bem-sucedidas para justificar a arrecadação do capital de risco necessário para financiar a nova companhia. Seu currículo consistia em uma sucessão de empreendimentos de curto prazo. O mais marcante nele era seu jeito exibido e extravagante.

Na discussão que se seguiu, perguntei sobre o plano básico de negócios, não mencionado na apresentação. Minhas dúvidas foram logo desconsideradas pela maioria dos outros participantes.

— Aposto que você foi o último no seu quarteirão a trocar o telefone de disco por um modelo com teclas de tom! — brincou o gênio das pontocom.

Continuaram as discussões a respeito de quanto dinheiro iriam ganhar e em que momento levar suas ideias a público. Os números se baseavam na premissa de que as pessoas visitariam em peso o novo site para saber das novidades ou oportunidades, e eles venderiam espaço para publicidade aos visitantes — ganhariam dinheiro dessa maneira. Não havia nenhuma pesquisa de mercado que justificasse os valores altos nem quaisquer das afirmações que estavam sendo feitas ali. Continuei fazendo perguntas básicas sobre a falta de um plano de negócios e a respeito do padrão do empreendedor de migrar constantemente de um projeto para outro sem permanecer tempo suficiente para concluir nenhum deles.

Todas as ideias dele vinham envoltas em um estilo carismático, repleto de oportunidades e vazio em conteúdo. Porém, o apelo das pontocom naquela época fez com que as minhas perguntas (e as de outro colega) fossem rapidamente descartadas. No fim, muitas pessoas naquela sala compraram a ideia por causa da autoconfiança excessiva daquele empresário. Ele vendeu o projeto tão bem que elas acreditaram que só podia dar certo.

Mas não deu. O empreendimento custou mais de US$ 5 milhões aos investidores antes que a empresa fechasse.

E nosso elegante empresário? Recebeu um salário anual de US$ 250 mil para dirigir um projeto que acabou fracassando e, fiel a seu padrão, abandonou a companhia antes que ela falisse, pois já tinha uma nova ideia que precisava oferecer a outro grupo de investidores.

Embora ele tenha fechado o negócio graças a pouco mais do que seu estilo persuasivo, isso lhe custou a credibilidade e o futuro de um grupo que optara por investir nele. Considerando que os investidores de capital de risco costumam se conhecer, certamente em algum momento ele cairá em sua própria cilada. É só uma questão de tempo até que ele tenha que prestar contas a si próprio.

É claro, sempre se diz que tudo fica mais fácil quando se olha em retrospecto, mas naquele momento percebi que aquele estardalhaço da pontocom acabaria sendo um fiasco. Não que eu fosse tão esperto assim; estava tudo nas minhas pesquisas. Após elaborarmos o perfil de muitos líderes de empresas pontocom, mapeamos traços de comportamentos quase idênticos, sempre encabeçados por uma autoconfiança excessiva.

Você é À Prova de Balas?

Entre os sintomas a seguir, marque os que você identificar em si mesmo e some quantos marcou.

- ☐ Eu sou um dos principais fatores do sucesso e dos feitos realizados pelas equipes das quais participo.
- ☐ Você dificilmente encontrará alguém que tenha um desempenho tão bom quanto o meu.
- ☐ Quando tenho uma ideia nova, levo-a adiante e não peço conselhos aos demais para decidir o melhor rumo.

- [ ] Não me preocupa muito o que as outras pessoas pensam ou sentem com relação a mim.
- [ ] Algumas pessoas às vezes me acham arrogante, mas eu simplesmente digo como as coisas são.
- [ ] Eu acredito nos meus palpites, mesmo contra todos os fatos.
- [ ] As pessoas sempre me dizem que parece que não dou ouvidos a elas.
- [ ] Quando é preciso admitir a culpa, aceito parte dela, mas enfatizo as falhas das outras pessoas.
- [ ] Quando entro em discordância com alguém, raramente paro e reflito de forma objetiva ou pergunto à outra pessoa exatamente de que forma contribuí para o conflito.
- [ ] Às vezes assumo um ar de superioridade ao expressar minhas opiniões.

Você tem tendência a ser À Prova de Balas?

Marque a seguir seu valor total.

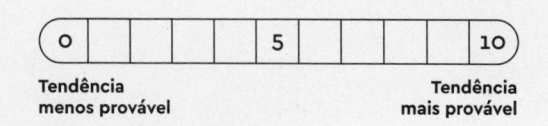

0				5				10

Tendência menos provável — **Tendência mais provável**

Sou À Prova de Balas – Socorro!

Eu tenho um desafio interessante: tento convencer as personalidades mais fortes de que precisam fazer alguns ajustes. É como tentar vender gelo a um esquimó!

Recentemente, um amigo meu estava preenchendo o Perfil Flippen e deparou com a palavra "teimoso". Ele não sabia se a palavra se aplicaria mesmo a ele, então perguntou à mulher:

– Querida, eu sou teimoso?

Após alguns segundos de silêncio, a resposta ficou evidente.

– Como assim? – questionou ele. – Não sou teimoso. Se alguém tiver uma opinião diferente da minha e apresentar um argumento plausível, posso adaptar meu ponto de vista sem problema. Isso não é ser teimoso.

Após mais alguns segundos de silêncio, a resposta outra vez se mostrou clara. Muita gente razoável passa a impressão de ser teimosa, e impressão significa realidade. Sendo assim, uma questão a se examinar é a do aprendizado. Você se considera alguém a quem as pessoas ensinam coisas com facilidade? E os demais concordam, ou acham que ensinar algo a você é uma missão impossível?

Em certos aspectos, essa limitação pode ser bem paralisante, pois as outras pessoas deixam de opinar quando percebem que a opinião delas não é bem-aceita. Da próxima vez que alguém estiver lhe dando conselhos, evite pedir esclarecimentos demais – isso também é fatal. Mesmo se os conselhos forem um pouco confusos, um simples "obrigado" é suficiente; depois você decide se precisa que algo seja esclarecido.

Outro comportamento típico é o de "arrastar" as pessoas em vez de tê-las ao seu lado. Não conheço muita gente que goste ou que tolere ser arrastada, então preste atenção no seu modo de agir. Percebi que alguns indivíduos falam tão alto que ninguém os escuta. Isso é uma pena, pois podem ter ideias ótimas, mas os outros passam a filtrar o que eles dizem. Para que ouçam suas opiniões, tente se comunicar usando o tom de voz adequado.

Etapas de TrAção específicas

Aqui estão algumas ações que você pode adotar para começar hoje mesmo a ganhar TrAção e se transformar numa pessoa melhor. Após ler todos os capítulos referentes às limitações, se esta ficar caracterizada como uma das suas limitações fatais, etapas como estas farão parte do seu Plano de TrAção (que será elaborado no capítulo 15).

- Vou pedir a opinião de alguém com personalidade forte e fazer perguntas referentes às áreas em que estou trabalhando (por exemplo: "Tenho sido teimoso?", "Tenho dado atenção às pessoas?"). A cada semana, vou pedir a alguém que me dê uma nota de 1 a 10. Se a nota for abaixo de 10, vou dizer: "Obrigado. Você tem alguma sugestão para que eu melhore?"
- Vou deixar de ser visto como alguém inflexível. Quando estiver discutindo um assunto no qual eu discorde de alguém, darei mais atenção ao interlocutor, tentando compreender seus sentimentos e suas opiniões, em vez de ficar formulando mentalmente o que falarei em seguida. E, se alguém pedir minha opinião, vou começar fazendo perguntas, em vez de simplesmente responder. Isso me ajudará a parecer menos autoritário e incentivará as outras pessoas a sugerirem respostas também.
- Vou começar a pedir mais a opinião de pessoas cuja visão é diferente da minha. Por exemplo, ao apresentar minhas ideias, tentarei aprender com aquelas que fizerem perguntas difíceis.

Como lidar com uma pessoa À Prova de Balas?

Para lidar de forma eficiente com alguém assim, é sempre importante mostrar que se admira a pessoa. Toda limitação, ainda que extrema, contém alguns aspectos positivos. Portanto, dê opiniões positivas também. Alguns pontos favoráveis que podem ser enfatizados: a pessoa À Prova de Balas é confiante, segura e independente.

- Para persuadi-la, tente fazer com que a ideia ou decisão pareça ser dela. Use frases como "Você disse algo parecido com isso um tempo atrás, e estou desenvolvendo a ideia". Em vez de afirmar qual é o resultado que você espera, faça uma pergunta ou apresente uma situação em que a pessoa chegue à conclusão que você deseja. Se ela expressar uma opinião, lembre-se de reforçá-la e de evitar contradizê-la enfaticamente.

- Uma das melhores maneiras de lidar com alguém que tem essa limitação é ouvir o que ele tem a dizer, concordar e explicar que você tem mais algumas informações que podem ajudar. Use essas informações para auxiliar a pessoa a perceber onde ela se engana ou por que está indo na direção errada, mas deixe claro que seu objetivo é o sucesso dela. Ser inflexível ou ríspido com indivíduos assim raramente dá certo e pode causar conflitos, gerando ressentimentos de sua parte. Embora as pessoas À Prova de Balas sejam insistentes, isso não significa que sejam más ou maldosas, porém às vezes precisam de ajuda até adotarem uma perspectiva diferente.

6.

Limitação fatal nº 2: Ostra

(pouco autoconfiante)

As Ostras me lembram Charlie Brown, personagem do desenho *Snoopy*, um garoto ótimo, que se esforça para ser gentil com todos à sua volta. Porém essa limitação toma conta dele. Ninguém o leva a sério. Ele não consegue fazer contato visual com as pessoas quando fica tenso e é muito indeciso. Vive sendo passado para trás, mesmo tendo um coração generoso. Sempre se preocupa com os demais, mas ninguém liga para ele. Deve ser frustrante saber que você possui talentos e nunca ter a oportunidade de colocá-los em prática. As perdas decorrentes dessa limitação pessoal são tremendas: vidas que nunca se realizam plenamente, sonhos que nunca se tenta alcançar. Conheci algumas Ostras ao longo dos anos, por vezes nos contextos mais inesperados, e o que eu tinha vontade de dizer a elas era: "Abra-se para o mundo!"

O Speed Channel, canal de TV a cabo dedicado a corridas, telefonou para meu escritório. Alguém de lá ouvira falar a respeito dos resultados que minha empresa estava alcançando em escolas e organizações e queria saber se os princípios da Superação das Limitações Pessoais dariam certo no mundo da Nascar, a maior associação automobilística americana.

A proposta era simples: juntos, escolheríamos uma equipe da Nascar e nossa tarefa seria tentar fazê-la acelerar e obter melhores resultados nas pistas após aplicar nossos processos para aprimorar o desempenho.

O primeiro passo era coletar dados comportamentais sobre cada integrante da equipe selecionada, incluindo seus proprietários. Eu sabia muito pouco sobre a Nascar, embora meu filho Micah, que é fã de corridas, falasse muito sobre o assunto.

Logo ficou claro que eu tinha muito que aprender. Na primeira reunião com a equipe, um dos homens se aproximou de mim:

– E então, há quanto tempo você trabalha na Nascar?

– Há uns 20 minutos – respondi, depois de consultar o relógio.

Dá para imaginar quanto meu currículo os impressionou. Tudo o que eu sabia sobre esse universo era que os carros corriam a altas velocidades em circuitos ovais.

À medida que passei a trabalhar com a equipe, tive uma excelente impressão. São ótimos colegas de trabalho e amam o que fazem. Eu não tinha noção de como o mundo da corrida era difícil até estar no meio dele. A competitividade é incrível, e o ritmo, quase sempre, beira a insanidade. Todas as equipes da Nascar enfrentam uma temporada bem longa, de fevereiro a novembro, quase sem pausas entre uma semana e outra.

Como todas as corridas são realizadas em fins de semana, a Nascar tem um profundo impacto na vida familiar, o que se reflete em índices de divórcio mais altos do que em muitos outros esportes. O cronograma é apertado e a competição é feroz.

Para aumentar ainda mais a pressão, a proporção de vitórias nas corridas é diferente de outros esportes. A cada semana, entre 32 e 36 pilotos competem e só um deles sai vencedor. A competição não vale apenas por cada vitória, mas também pelos pontos acumulados. Trata-se de um esporte extremamente difícil, em que poucos chegam ao topo.

Nossa tarefa era melhorar o desempenho da equipe Fitz/Bradshaw, que estava em 23º lugar. Dedicamos um tempo a avaliar cada integrante da equipe e identificamos algumas áreas que precisariam de estudos mais aprofundados. O piloto, Casey Atwood, era um jovem muito dedicado. Começara a competir aos 15 anos e, com 18, já tinha se tornado vencedor. Ele trabalhava havia algum tempo com o chefe da equipe e tinha um talento inato.

Então qual era o problema? Por que estavam lá na 23ª posição? Quais eram as limitações e por onde deveríamos iniciar o processo de aumentar sua velocidade e melhorar seu desempenho? Todas essas perguntas rodavam na minha cabeça.

Perdendo a corrida da autoconfiança

Uma das minhas principais crenças é a de que nenhum grupo ou organização é capaz de superar as limitações de seus líderes. Em uma equipe de corrida existem vários níveis de liderança, a começar pelos proprietários – e como um dos proprietários, Terry Bradshaw, admitiu em tom de piada: "Eu sou a maior limitação da equipe." Em alguns momentos, ele tinha certa razão, mas não na hora da corrida. Durante a prova, todos têm papéis a cumprir, mas os principais são o do piloto e o do chefe da equipe. Naturalmente, o piloto é quem dá as instruções, de dentro do carro, ao chefe da equipe, que deve fazer os ajustes necessários referentes à dirigibilidade do veículo e a seu desempenho na pista. Se eles não se comunicarem bem, haverá problema.

No caso da equipe Fitz/Bradshaw, o chefe recebia as instruções de Casey, mas nem sempre efetuava as mudanças que este pedia. Acreditando que sabia como corrigir o problema de uma maneira melhor, o chefe muitas vezes dizia a Casey que *tinha* feito as alterações, quando na verdade tinha feito algo diferente, visando melhorar o desempenho de Casey. Em outras palavras, o chefe tirava suas próprias conclusões e fazia as mudanças que *ele* achava que o piloto precisava, sem que este tomasse conhecimento.

Em pouco tempo, os dois falavam línguas diferentes. A autoconfiança de Casey diminuía rapidamente, e logo isso se refletiu nos resultados nas pistas. Mas esse não era o único problema. Os dados coletados também nos informaram que a escala de autocontrole de Casey estava alta demais. O resultado era um piloto com medo de assumir riscos, que não aproveitava as ocasionais aberturas que o fariam galgar posições. O fato de não receber do chefe da equipe o apoio de que precisava também não ajudava Casey, prejudicando seu desempenho.

Nós precisávamos aumentar sua autoconfiança e baixar seu nível de autocontrole. Do ponto de vista comportamental, isso não é muito difícil, mas uma terceira limitação complicava tudo: Casey era resistente a mudanças. Para aumentar a confusão, o chefe da equipe dizia ao piloto que ele estava se saindo muito bem, quando, na verdade, não estava. A motivação e a união da equipe estavam terrivelmente em baixa.

Quais eram os indícios da baixa autoconfiança de Casey, do ponto de vista comportamental? Em primeiro lugar, ele não corria riscos. E se batesse? E se tentasse roubar uma posição e se chocasse contra o muro? Após andar no carro-madrinha algumas vezes, passei a ter grande empatia por essa sensação. E isso porque percorrer a pista no carro-madrinha a 225 quilômetros por hora é brincadeira de criança – os carros de corrida chegam a atingir entre 255 e 300 quilômetros por hora, dependendo do circuito. Durante todo o trajeto, os pneus ficam superaquecidos e tudo o que estiver solto na pista vai ficando colado a eles. Conforme se acelera, os detritos presos aos pneus são lançados contra o para-lama, de modo que o piloto está com a sensibilidade à flor da pele enquanto tenta não bater no muro, que às vezes está a centímetros de distância. Tudo isso em uma pista lotada, na qual todos têm um objetivo: ultrapassá-lo ou fazer com que você bata. No mínimo, é difícil manter o foco.

Eu compreendo perfeitamente que alguém não sinta muita vontade de ultrapassar carros a 290 quilômetros por hora. Mas essa era a tarefa de Casey, e a tarefa do chefe da equipe era fazer no veículo os ajustes necessários que lhe permitiriam assumir a dianteira.

Outra característica da autoconfiança baixa é não conseguir tirar proveito das oportunidades. Antes de cada curva, às vezes os pilotos se aglomeram no momento da aproximação, de modo que três carros podem ficar colados. Mas é praticamente impossível manter essa proximidade durante a curva, pois quem fica do lado de fora da pista precisa percorrer uma distância maior a partir de uma posição desfavorável – para não falar do muro que se aproxima a 260 quilômetros por hora. Quando três veículos entram colados na curva, isso muitas vezes significa que alguém vai bater contra o muro.

Geralmente, um dos pilotos se afasta e deixa que os outros dois se enfrentem. A Ostra é aquele que tira o pé do acelerador e deixa os outros avançarem. É indecisa e hesitante e perde a oportunidade de ultrapassar alguém. Mas a insegurança não é uma vantagem quando se está a 290 quilômetros por hora; ela não ganha corridas.

Além de nas pistas, a autoconfiança baixa de Casey permeava outras áreas. Sua relutância em tomar a iniciativa de encontrar pessoas causou grande impacto nos patrocínios. Com os aficionados ele se dava bem; o foco era o esporte e ele sabia o que fazer. Mas com os patrocinadores era mais difícil. Ele não sabia ao certo o que esperavam dele, e ficava constrangido nessas situações. Casey era tímido, o que complicava ainda mais.

Com o tempo, vários patrocinadores e seus representantes começaram a achar que Casey os estava esnobando. Estavam confundindo pouca autoconfiança e timidez com orgulho e arrogância, mas não importa: o resultado era o mesmo. Ele começou a perder a preferência dos patrocinadores, o que é fatal no mundo do automobilismo.

Também nos voltamos para as limitações da equipe. Quando começamos o processo, o *pit stop* durava entre 16,7 e 17,5 segundos. À medida que a equipe passou a trabalhar melhor em conjunto, esse tempo começou a baixar. Os integrantes discutiram o que não estava dando certo para eles, como equipe, quando o carro entrava no boxe.

Superando suas limitações pessoais, a equipe galgou posições nas classificações e nos resultados finais. Nas três primeiras semanas, Casey obteve as melhores classificações de sua carreira, e seu desempenho continuou a melhorar. Então, como era de esperar, ele atingiu o patamar mais alto permitido por essas deficiências. No caso da equipe, subiu da 23ª para a 12ª posição. Foram ganhos incríveis para tão pouco tempo, e o grupo tinha todos os motivos para se orgulhar.

Casey estava fazendo o melhor possível para atingir o máximo desempenho apesar de suas limitações, mas não foi forte nem rápido o suficiente. Entre seu desempenho nas provas e os atritos cada vez maiores com alguns patrocinadores, a carreira de Casey naquela equipe estava chegando ao fim.

No fim das contas, não importava que ele fosse talentoso ou uma pessoa boa; tudo se resumiu à sua incapacidade de encarar as dificuldades. Sua baixa autoconfiança acabou assumindo o controle e determinando o nível de sucesso que ele poderia alcançar.

A despeito de seus incríveis talentos e habilidades, suas limitações pessoais lhe custaram o contrato com a Fitz/Bradshaw.

E qual é a origem da falta de autoconfiança? Na minha opinião, não nascemos assim. Certos relacionamentos e acontecimentos determinam a forma como nos vemos. Refletir sobre isso pode ser útil.

Sabedoria de avô

Quando eu tinha 12 anos, meu avô – que eu amava, respeitava e admirava muito – e eu estávamos trabalhando na fazenda da família. Tínhamos que cortar um tipo de mato que ocupava a parte mais baixa do terreno, e o trabalho era manual, pois os tratores atolavam no solo encharcado.

Esse dia em particular estava muito mais quente e úmido que o normal, e devo ter suado em bicas. Eu gostava desse trabalho, mas não estava conseguindo tirar da cabeça o jogo de beisebol da liga infantil do qual havia participado na noite anterior. Contei ao meu avô que eu não tinha atuado bem como lançador, fazendo arremessos sem controle e perdendo excelentes oportunidades de eliminar vários integrantes da equipe adversária.

– Você sabe o que está fazendo? – perguntou meu avô.

– Sei, sim – respondi. – Estou falando sobre o jogo de ontem e como estraguei tudo.

– Sabe o que você precisa fazer, filho? – replicou ele, olhando bem nos meus olhos. Ele se apoiou na foice e disse as três palavras que nunca esquecerei: – Esvazie sua mochila.

Meu avô percebeu a dúvida óbvia no meu rosto, então explicou:

– Depois do jogo, quando você guardou as bolas, a luva e o taco, guardou também a derrota em sua mochila. É preciso esvaziá-la para ficar pronto para a próxima partida. Você está perdendo tempo demais olhando para trás. Aprenda o que tiver de aprender com aquele jogo e então use a lição para se concentrar na partida de amanhã.

Meu avô não falava muito. Mas, quando falava, o que dizia fazia muito sentido. Nunca me esqueci do seu conselho e, até hoje, me recuso a perder tempo com o que passou. Sem dúvida, quero aprender com as experiências, mas não fico alimentando arrependimentos nem fazendo suposições. A lição é simples: é impossível correr bem olhando para trás.

As dificuldades, os conflitos, as expectativas frustradas, as inseguranças, os abusos, as relações complicadas e os acontecimentos marcantes da vida fazem com que todos nós carreguemos certa bagagem da qual precisamos nos livrar. O segredo é estar disposto a tratar essas feridas emocionais, pois, quanto mais para o fundo da mochila empurrarmos esses sentimentos, mais entranhados eles ficarão. E essa mochila pode se tornar um fardo grande demais para se carregar todo dia.

Você é uma Ostra?

Entre os sintomas a seguir, marque os que você identificar em si mesmo e some quantos marcou.

- [ ] Se cometo um erro ou desaponto alguém, tenho dificuldade em superar isso.
- [ ] Há muita gente mais talentosa do que eu.
- [ ] O que as outras pessoas pensam de mim é muito importante.
- [ ] Sou tímido e reservado. Conhecer pessoas novas é difícil para mim.
- [ ] Cedo facilmente perante pessoas de personalidade forte.
- [ ] Quando alguém me faz um elogio, me sinto constrangido em agradecer, então costumo desconversar.
- [ ] Ao deparar com uma situação nova, não sei bem como proceder sem a orientação de alguém.
- [ ] Às vezes internalizo pequenas frustrações e, um dia, desabafo todas de uma vez.
- [ ] Nem sempre expresso minhas opiniões, pois provavelmente outra pessoa já teve a mesma ideia.
- [ ] O conflito me desgasta muito, então costumo evitá-lo – às vezes faço isso não dizendo o que realmente penso.

Você tem tendência a ser Ostra?

Marque a seguir seu valor total.

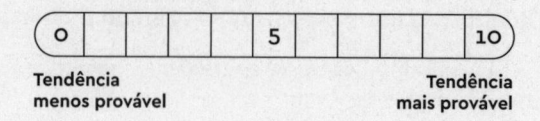

0				5				10

Tendência menos provável   Tendência mais provável

Sou uma Ostra – Socorro!

Quando começo a conversar com alguém que tem esse tipo de dificuldade, às vezes parto de um pedido como: "Sem pensar muito, dizendo a primeira ideia que vier à sua cabeça, liste seus pontos fortes – aquilo em que você acredita que se sobressai."

Geralmente, a pessoa fica murmurando algumas palavras, constrangida, até que eu vá em seu socorro. Analiso as respostas e afirmo quanto ela é modesta, estimulando-a a criar coragem de assumir seus pontos fortes. É quase como se ela se visse através de óculos embaçados, sem conseguir enxergar sua beleza e seu talento no espelho. Portanto, seu principal objetivo é conseguir reconhecer e explorar seus pontos fortes.

Outra situação para se refletir: se você estivesse trabalhando em um projeto com uma criança e esta se esforçasse muito, mas cometesse erros, sei exatamente como você reagiria. Diria: "Faça direito, seu bobo! Por que não é mais cuidadoso? Veja só, errou de novo!" É claro que não estou falando sério, pois você nunca diria isso. Mas, se não é certo falar desse jeito com uma criança, por que você fala assim consigo mesmo?

Alguns dos meus melhores amigos já enfrentaram esse problema, e eu fico triste de constatar quanto eles internalizam. Agora me vêm à mente lembranças de épocas difíceis da minha vida, quando eu vivia me martirizando. Devemos manter a humildade e a sensibilidade, mas não podemos deixar que esses pontos fortes se transformem em limitações.

Etapas de TrAção específicas

Aqui estão algumas ações que você pode adotar para começar hoje mesmo a ganhar TrAção. Após ler todos os capítulos referentes às limitações, se esta ficar caracterizada como uma das suas limitações fatais, etapas como estas farão parte do seu Plano de TrAção:

- Vou começar a assumir meus pontos fortes organizando-os em uma lista e lendo-a todos os dias até eles estarem totalmente internalizados. (Talvez você precise de um amigo de confiança para ajudá-lo a elaborar a lista.)
- Quando eu começar a ter pensamentos negativos sobre mim mesmo, vou substituí-los por outros mais verdadeiros. Então, em vez de pensar: "Não acredito que derramei a garrafa de vinho nele... Fui tão distraída! Aposto que ele ficou mais chateado do que pareceu... Eu só estava tentando ajudar, e veja só o que fiz", vou substituir por: "Isso pode acontecer com qualquer um, e ele sabia que eu só estava tentando ajudar. Não há mais nada que eu possa fazer agora, por isso vou manter em mente que foi um jantar muito agradável."
- Vou começar um diário. Escreverei o que estou pensando sobre mim e observarei a progressão com o passar do tempo. (Releia-o periodicamente com alguém de confiança e que o apoiará em seu crescimento.)
- Deixarei de ser visto como uma pessoa que precisa muito da aprovação de terceiros. Se alguém não me elogiar explicitamente, vou me distanciar um pouco e decidir que mesmo assim sou capaz de avançar. Sem deixar de ser sensível ao que os outros pensam, vou procurar me autoafirmar.

Como lidar com uma Ostra?

Para lidar de forma eficiente com alguém assim, é sempre importante mostrar que se admira a pessoa. Toda limitação, ainda que extrema, contém alguns aspectos positivos; portanto, dê opiniões positivas também. Alguns pontos favoráveis que podem ser enfatizados: a Ostra é modesta, sensível, companheira.

- É particularmente importante ter sensibilidade na comunicação com as pessoas que têm essa limitação. Se precisar contradizê-las, certifique-se de que você é a pessoa ideal para fazer isso e lembre-se de que os ouvidos delas amplificam as críticas. Uma boa estratégia é fazer perguntas para ajudá-las a compreender outro ponto de vista, sem se sentirem agredidas. Respeite-as e conquiste o direito de ser ouvido. Sempre ressalte os aspectos positivos delas e de seu trabalho, motivando-as como se torcesse por elas. Incentive-as dizendo "É isso aí!" ou "Puxa, que ótimo!" e tente deixá-las em uma posição confortável.

- Faça um esforço adicional para dar ouvidos a pessoas assim e tente compreender seus sentimentos. Aja com empatia, procurando conhecer melhor as experiências que tiveram. Faça perguntas como: "Seja sincero: o que você está sentindo?" e "Preciso que me responda com sinceridade: eu disse algo que está incomodando você?". Lembre-se de que alguém que luta contra a falta de autoconfiança tende a ocultar os sentimentos para evitar conflitos. Você terá que insistir bastante para que as Ostras expressem o que pensam.

7.

Limitação fatal nº 3: Docinho de Coco

(superprotetor)

Amber é uma jovem universitária bonita, inteligente e de boa família. É gentil e bem-humorada, mas seu namorado vive tirando vantagem dela. Ele se atrasa quando combina de apanhá-la. Não telefona quando promete. Já se esqueceu do aniversário de Amber e, no último Natal, pediu à mãe dele que comprasse um presente para ela, pois iria a uma festa com amigos. Desde que foram morar juntos, ela lava e cozinha para ele. Amber chorou ao me contar que seu namorado a traía.

– Por que ele me trata assim, se sou tão boa com ele? – perguntou.

– Porque ele percebeu que você não vai brigar por causa dessa atitude.

Amber se entrega totalmente aos demais, como se seu "limite de crédito" como pessoa fosse infinito. Mas não é. Aliás, muita gente faz isso, sem perceber que um relacionamento com saques constantes, mas sem depósitos, acabará se esgotando.

Excesso de generosidade faz mal

Todos conhecemos alguém que é famoso pelo excesso de generosidade: o funcionário que cobre os turnos dos outros nos feriados e fins de semana, a mãe que põe ordem no bairro, o amigo que empresta dinheiro para todo mundo sem nunca receber o que emprestou.

E o que há de errado em ser coração mole?

Essas pessoas têm dificuldade em impor limites. Seu comportamento vai além do que é saudável para elas e para os outros. De fato, eles passam a depender tanto desse modo de agir que, se a pessoa tentar mudar, ouvirá broncas porque "ela não é assim". Ninguém quer que ela mude.

Os superprotetores não conseguem entrar em conflito com os outros quando há algo errado. Minha mulher, Susan, e eu temos uma amiga que é assim com os filhos há anos. Ela sempre inventa desculpas para o mau comportamento deles e, quando decide repreendê-los, parece que está fazendo um pedido extraordinário, de tanto que doura a pílula. Quando finalmente diz o que quer dizer, não surte nenhum efeito. Ela realmente pensa que os filhos vão aprender a maneira certa de agir à base de amor, se tiverem "liberdade" para crescer e aprender a lidar com a falta de limites.

A questão é que a limitação pessoal dela trouxe problemas para eles. Não é de surpreender que, mesmo já tendo mais de 40 anos, eles continuem sendo irresponsáveis e egoístas. Um deles já se casou várias vezes e tanto um como o outro ainda estão tentando "se encontrar". Não conseguem levar nada até o fim, e a mãe justifica essa inconstância dizendo que estão procurando algo em que consigam se sair bem. Seria mais útil se ela lhes recomendasse acordar e sair para procurar um emprego, em vez de esperar que as esposas deem conta de tudo. Com efeito, as mulheres deles assumiram muitas das responsabilidades que a mãe desempenhou durante anos. Nenhum dos "meninos" ajuda em nada em casa. Quem faz tudo é a "patroa". Cortar a grama, cozinhar, limpar, educar os filhos – são as mulheres que cuidam de tudo.

Pais superprotetores assumem a maior parte do fardo de cuidar da família. No casamento, as mulheres tendem a apresentar mais esse comportamento do que os homens. Há exceções, mas são apenas exceções. Entretanto, quando uma pessoa faz tudo para as demais, ela está estimulando o egoísmo e certo senso de superioridade.

O fato de uma pessoa ser atenciosa e generosa não a torna superprotetora. Porém, em um nível extremo, isso se torna um problema. Em primeiro lugar, se eu me esforço tanto para ajudar os outros a ponto de ficar em atraso com minhas próprias obrigações, é provável que surjam ressentimentos. Em segundo lugar, uma relação saudável se constrói à medida que as pessoas se gostam a ponto de discutir com amor os comportamentos prejudiciais de cada um. Quando nós damos muito, no intuito de "compensar" a falta de generosidade do outro, não permitimos que este desenvolva essa carência e, assim, o prejudicamos. Em muitos casamentos percebemos a falta daquela ternura que se cultiva quando duas pessoas se importam com detalhes do bem-estar da outra.

Ser gentil é uma coisa. Ser incapaz de traçar limites é outra. As pessoas superprotetoras acham que, cobrindo os outros de amor, conseguirão satisfazer suas próprias necessidades e todos viverão felizes para sempre. Acreditando que a vida é justa e que seu amor salvará o mundo, muitas vezes elas têm um duro choque de realidade. Mas essa limitação não surge da noite para o dia. Ela começa na infância.

Identificando limitações pessoais na infância

Haveria como identificar alguns desses comportamentos nas crianças, de modo que fosse possível lidar com eles anos antes que evoluíssem para limitações mais sérias?

As pessoas superprotetoras normalmente são crianças amigáveis, que não sabem traçar limites saudáveis ou se autoafirmar. Lembro-me de perceber isso na filha de um amigo meu, uma menina de 10 anos chamada Carrie. Eu costumo fazer perguntas às crianças que as levem a refletir um pouco e a responder de maneira autoafirmativa. A menina estava entrando no carro do pai quando nós três íamos ao mercado.

– Você gosta desse penteado que sua mãe faz em você? – perguntei a Carrie.

– Se *você* gosta do meu cabelo assim, então eu também gosto – ela respondeu.

Para a maioria das pessoas, esse comentário não significa muito, mas eu logo pensei: "Interessante: ela não tem uma opinião própria; só a minha opinião importa." Mas há outros aspectos. Fiquei sabendo que ela estava enfrentando dificuldades de relacionamento com colegas da escola. Algumas meninas a estavam excluindo do grupo, e ela se sentia magoada e rejeitada. O bem-estar emocional de Carrie estava sendo decidido pelas outras meninas, que na época agiam de maneira cruel.

Em vez de depender da aprovação dos demais, a maioria das crianças saudáveis desenvolveria a capacidade de se autoafirmar e de se sentir contente consigo mesma. Algumas, como Carrie, precisam de uma ajuda extra para construir uma autoimagem mais forte, de forma que as opiniões alheias não sufoquem sua autoaceitação. Todos buscamos a aprovação de pessoas importantes para nós, mas isto não pode ditar nossa perspectiva. Devemos ser capazes de saber que somos bons em algo, ou de nos congratularmos por algo que sabemos fazer direito.

Quantas menininhas passam a vida buscando aprovação? Uma coisa é dançar por estar alegre; outra é dançar na esperança de que alguém aprove seus movimentos. A autoafirmação ajuda a estabelecer limites, para que, mais tarde, a dedicação aos outros seja contrabalanceada por uma autoimagem saudável. Caso contrário, os jovens crescem procurando aprovação por todos os cantos.

Quando meus filhos eram pequenos, muitas vezes eu lhes pedia ajuda em consertos e projetos na casa e na fazenda e lhes fazia perguntas durante o trabalho: *Você acha que a pintura que fez ficou boa?*

Como descobriu a solução para o cano que estava vazando? Você se sentiu bem consertando a cerca tão depressa? Como se sente após um trabalho tão bem-feito?

Esse tipo de pergunta e comentário constitui a base para ensinar os outros a se autoafirmarem. Perceber que você realizou algo bom e ter a oportunidade de declarar isso para outra pessoa é um exercício saudável para uma criança. A maioria das pessoas que vejo tem dificuldade em afirmar seus próprios talentos e suas realizações, o que pode levar à perda de limites e a necessidades emocionais que acabam resultando em uma busca de aceitação por meio do excesso de dedicação e de zelo.

Quando o Docinho de Coco passa do ponto

No trabalho, os Docinhos de Coco são os que sempre fazem tudo. Ficam até mais tarde, trabalham para ajudar os demais, se esforçam e se desgastam em dobro e nunca dizem não. Mesmo com a agenda lotada, ainda dão um jeito de encaixar mais alguma tarefa. Meigos e afáveis, não conseguem resistir a pedidos exorbitantes nem dizer "não". Até mesmo se alguém lhes pedir, em cima da hora, para ajudar em um projeto que está atrasado por causa da irresponsabilidade de outra pessoa, eles quase sempre cancelarão seus próprios compromissos para socorrer os colegas.

Os superprotetores dificilmente são bons gerentes, pois não sabem dizer nada negativo. Seus comentários e suas avaliações são feitos de maneira a relevar os pontos fracos. As consequências se agravam quando um superior que é Docinho de Coco protege seus funcionários à custa de sua própria responsabilidade ou do sucesso da companhia.

Na minha empresa, temos a regra de não falar negativamente de alguém da equipe para outra pessoa. Mas o que acontece quando um funcionário é promovido e precisa dar pareceres críticos, para que os demais consigam progredir? As pessoas superprotetoras têm dificuldade em fazer comentários negativos, mesmo quando isso lhes é exigido. Elas acreditam que o estímulo constante será suficiente para fazer a outra pessoa "chegar lá", mas, em muitos casos, isso não é verdade.

Alguns leitores (sobretudo os Docinhos de Coco!) irão perguntar: "O que há de errado em ser solidário ou dedicar um tempinho aos demais?" A resposta é: nada, desde que se trate de uma emergência ou uma necessidade ocasional. Porém, se você perceber que está constantemente limpando a sujeira alheia, resgatando gente irresponsável ou gastando tempo e energia por causa do mau planejamento ou das crises de terceiros, aceite o fato de que provavelmente você é um Docinho de Coco. E lembre-se: apesar de serem saborosos, os docinhos não são saudáveis para todas as pessoas!

Você não precisa se transformar em um Crítico – como veremos no próximo capítulo –, mas deve atingir um *equilíbrio* com relação a quanta atenção dedica aos outros. A realidade é que o melhor que se pode fazer por amor aos demais é ajudá-los a crescer – incentivá-los, ensiná-los e, às vezes, repreendê-los, para que superem suas limitações pessoais e se tornem tudo aquilo que estão destinados a ser.

Você é um Docinho de Coco?

Entre os sintomas a seguir, marque os que você identificar em si mesmo e some quantos marcou.

- ☐ Acredito que, com o tempo, as pessoas vão acabar corrigindo os próprios erros.
- ☐ Se alguém do trabalho está meio deprimido ou precisa de ajuda, tende a me procurar.
- ☐ É mais importante ajudar alguém que está com problemas do que terminar uma tarefa no trabalho.

- [ ] Às vezes, falo o que a outra pessoa quer ouvir em vez de dizer o que realmente estou pensando.
- [ ] Para mim, é difícil ser uma pessoa rígida e que impõe disciplina.
- [ ] Os sentimentos das pessoas são muito importantes para mim, por isso tento tirá-las das encrencas em que elas mesmas se meteram.
- [ ] Tenho muita dificuldade em dizer não às pessoas.
- [ ] Todos os dias estou sobrecarregado pelas responsabilidades que assumo.
- [ ] Eu teria dificuldade em dizer algo que pudesse magoar outra pessoa, mesmo se fosse muito necessário dizê-lo.
- [ ] Às vezes, sinto que as pessoas se aproveitam da minha boa vontade em ajudar.

Você tem tendência a ser Docinho de Coco?

Marque a seguir seu valor total.

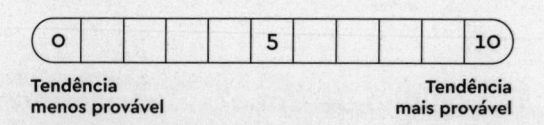

0				5				10

Tendência menos provável — Tendência mais provável

Sou um Docinho de Coco – Socorro!

Sou muito cuidadoso ao discutir essa limitação, pois é difícil dizer a alguém tão gentil e atencioso que ele pode estar agindo de maneira inapropriada. Então, primeiro elogio os que são muito protetores e espero que continuem a ajudar e incentivar aqueles à sua volta.

Eis aqui algo para refletir: quando entramos no avião, a aeromoça ou o comissário de bordo instrui: "Em caso de emergência, máscaras de oxigênio cairão do compartimento superior. Ponha primeiro a máscara em você e só depois ajude quem estiver do seu lado." Há um motivo para isso: se estiver usando a máscara, poderá ajudar melhor àqueles com quem se preocupa. Você fica tão ocupado ajudando as outras pessoas que, às vezes, acorda e descobre que seu tanque de oxigênio está vazio. Então assegure-se de mantê-lo sempre cheio! Esse conselho pode parecer egoísta, mas não é.

Muitas vezes, simplesmente saber dizer não é um dos maiores problemas. Eu trabalho com muita gente que sofre com isso. A mensagem que costumamos divulgar é: "'Não' não quer dizer que se é negativo." Se eu sempre digo não, então é claro que *eu* sou o componente negativo da equação. Porém, em alguns casos, dizer não é a melhor saída.

Minha missão é dizer a você o que fazer em cada situação? Ou fazer de você uma pessoa rigorosa? Ou, pior, torná-lo egoísta? É claro que não. Meu objetivo é ajudá-lo a encontrar o equilíbrio. Quero incentivá-lo a se autoavaliar, a pedir a opinião daqueles que o conhecem bem e a ponderar se superar essa limitação traria benefícios a você e às pessoas à sua volta.

Etapas de TrAção específicas

Aqui estão algumas ações que você pode adotar para começar hoje mesmo a ganhar TrAção. Após ler todos os capítulos referentes às limitações, se esta ficar caracterizada como uma das suas limitações fatais, etapas como estas farão parte do seu Plano de TrAção:

- Vou começar a impor limites de forma adequada. Se me sentir tentado a socorrer ou livrar a cara de alguém, preciso ter certeza de que farei isso pelo bem de todos. Ficarei conhecido como alguém que se importa com as pessoas a ponto de cobrar delas que sejam responsáveis. Por mais que seja difícil para mim, sei que isso permitirá que vários relacionamentos se desenvolvam.
- Vou passar a dizer não nos momentos adequados. Não deixarei de ser atencioso nem de ajudar os outros, mas vou evitar

me comprometer com tarefas demais e me desgastar. Também vou parar de fazer coisas que os outros deveriam fazer por conta própria. As pessoas tendem a tirar vantagem de mim, então manter uma posição mais firme me ajudará a não abrir precedentes perigosos.
- Darei mais atenção a mim mesmo. Serei capaz de fazer mais pelos outros se eu estiver mais motivado, então vou separar um tempo na agenda para fazer algo de que eu goste.
- Vou começar a dizer o que penso com mais frequência. Se alguém pedir minha opinião, posso ser diplomático mas ainda assim totalmente sincero. Preciso ter coragem de confrontar as pessoas à minha volta e cobrar delas atitudes justas e corretas.

Como lidar com um Docinho de Coco?

Para lidar de forma eficiente com alguém assim, é sempre importante mostrar que se admira a pessoa. Toda limitação, ainda que extrema, contém alguns aspectos positivos; portanto, dê opiniões positivas também. Alguns pontos favoráveis que podem ser enfatizados: o Docinho de Coco é atencioso, encorajador, positivo e companheiro.

- Para ser ouvido e criar bons vínculos com um Docinho de Coco, sempre elogie a motivação por trás de seu comportamento superprotetor. A preocupação com os demais é algo nobre, portanto, valorize-a.
- Tente deixar essas pessoas em uma posição que transforme tais tendências em vantagens. Dar a um Docinho de Coco uma tarefa que exija fazer críticas sérias a outras pessoas não é o ideal. Da mesma forma, ter que encarar alguém de personalidade forte é difícil para ele, então ajuste suas expectativas. Pessoas assim têm dificuldade em estabelecer limites, portanto, incentive-as a dar passos menores e mais adequados.

8.

Limitação fatal nº 4: Crítico

(exigente, implicante ou rude demais)

Certa vez fui convidado a participar de uma reunião com a diretoria de uma empresa bem-sucedida no ramo de construção. As áreas externas estavam impecáveis. Ao entrar no edifício, fui recebido e acompanhado até os escritórios no segundo andar, com vista para um belo lago artificial. Todo o cenário tinha uma aura de elegância e sucesso. Eu estava me familiarizando com o ambiente quando o restante do grupo chegou. Éramos cerca de 10 pessoas e a apresentação estava correndo bem.

Uma atmosfera de medo

Pouco após começarmos a discussão, uma mulher de 40 e poucos anos chamada Pam fez perguntas sobre o material que estava sendo apresentado.

Subitamente, a atmosfera positiva veio abaixo. Do nada, ela disparou:

– Isso é ridículo. Quem forneceu esses números?

"Epa! O que foi isso?", pensei. "Isto vai ficar interessante."

O foco e o tom da reunião mudaram de repente. Alguém deu uma resposta breve e Pam fez mais perguntas num tom agressivo. Percebi que todos os presentes começaram a ficar tensos, mas Pam continuava o ataque, sem se importar com a ansiedade e a animosidade que estava provocando. Para piorar, ela nem dava ouvidos às respostas de vários dos participantes e, consequentemente, estava perdendo informações importantes que teriam solucionado diversas dúvidas que levantou.

Minutos depois, a pessoa que havia convocado a reunião pediu que fizéssemos um intervalo. Fiquei quieto e vi quando o líder da equipe chamou a atenção de Pam. Ela simplesmente balançava a cabeça e cruzava os braços, recusando-se a ouvi-lo. Por fim, ele disse, frustrado:

– Pam, *por que você está forçando tanto a barra?*

A resposta dela foi clássica:

– Ninguém nunca me dá ouvidos, estou cansada de ser ignorada. Sempre digo o que ninguém quer ouvir. Ninguém entende. Parece que são burros. – A mensagem foi dada alto e bom som. Pam era crítica e rude, e havia algum tempo vinha tendo atritos com o grupo, tanto em público quanto em particular. Agora estava dando um passo além, humilhando todos na presença do chefe.

A atitude crítica de Pam era lendária. As reuniões com ela se transformavam em eventos repletos de tensão e acusações. Toda a ideologia da empresa estava sendo afetada por esse comportamento e vários entre os melhores funcionários estavam se demitindo, pois não aguentavam aquele ambiente hostil. Alguns buscavam maneiras de serem transferidos para outro departamento. O clima era de medo e ansiedade, e todos viviam à espera do próximo ataque de Pam.

Horas depois, o chefe me pediu que conversasse com ela. Após nos sentarmos um de frente para o outro, eu lhe perguntei, sem rodeios:

– Isso dá algum resultado?

Ela ficou meio confusa:

– Está se referindo a estarmos aqui? Ou à reunião?
– Bem, eu estava pensando na reunião – respondi.

Ela ficou na defensiva. Começou a relatar os problemas que vinham ocorrendo havia algum tempo, os quais ela sabia que não seriam resolvidos e criticou os demais: não estavam tão empenhados quanto ela e, "além do mais, eles nem sabem de tudo o que eu sei sobre a situação".

O monólogo de Pam estava repleto de rancor. Estava claro que ela havia extrapolado. Pam criticara os outros durante anos e já tinha desistido de tentar ser sutil. Seria o fim de sua carreira nessa empresa, a menos que ela conseguisse reverter a situação e provar sua utilidade.

Infelizmente, em sua cabeça, ela estava contribuindo com sua visão perspicaz, mostrando tudo o que não estava certo. Na realidade, ela criticava os outros de forma exagerada e, muitas vezes, abusiva. Em sua opinião, ninguém ali trabalhava tão bem quanto ela. Ela era incansável. Seu poder de crítica abrangia a empresa inteira: ela apontava as deficiências do presidente da mesma forma que enumerava as do porteiro. Cada estratégia apresentada tinha defeitos que só ela via.

Mas sua vida pessoal era ainda mais reveladora. Ela se divorciara e seu único filho havia se afastado dela. Não cultivava as amizades, pois a carreira a mantinha ocupada demais. E, ainda assim, estava prestes a perder o emprego ao qual tanto se dedicava. Alguns dias depois, Pam foi convidada a se demitir.

Quanta gente você conhece que age assim? Essas pessoas negativas acreditam que a função delas é apontar todas as falhas de uma ideia ou de um projeto, ou pior, daqueles que trabalham nele.

Não há virtude alguma em achar defeitos no trabalho ou nas contribuições dos demais. Contudo, *é* uma virtude saber encontrar nos outros oportunidades para que cresçam e se aperfeiçoem, ajudando-os a se superarem. Todos os dias, as empresas se perguntam o que fazer com os funcionários que carregam uma bagagem repleta de problemas mal resolvidos no passado e que constantemente se manifestam no presente.

Vale a pena manter uma pessoa que é competente mas gera atrito com os outros funcionários? Será que abrimos uma exceção para esse comportamento inadequado, visando nos beneficiar de suas aptidões?

Talvez sim a curto prazo, mas não por muito tempo. Se um funcionário que tem mau comportamento se recusa a corrigir um problema, é apenas uma questão de tempo até que suas contribuições sejam ofuscadas por suas limitações. É nessa hora que os chefes são demitidos pelos diretores... ou que os subordinados começam a procurar ambientes mais saudáveis.

Quando eu estava na faculdade, trabalhei para um homem que tinha essas mesmas limitações. Nas férias de verão, consegui emprego em uma equipe de pesquisas de opinião. Bob dirigia o departamento e era perfeccionista – esperava que tudo estivesse perfeito o tempo todo. Além disso, era cínico e sarcástico, e durante o tempo em que trabalhei para ele nunca o ouvi dizer nada de bom sobre alguém ou a respeito do trabalho desempenhado por outra pessoa.

Um de seus ex-funcionários, que havia saído para prestar serviço militar, estava retornando e voltaria a trabalhar com ele. Bob vinha falando havia semanas sobre seu assistente preferido, Billie. Eu estava curioso para conhecê-lo, já que nunca tinha visto Bob satisfeito com ninguém. "Ele deve fazer milagres", pensei.

Uma semana depois, Billie chegou e voltou para a equipe. Trabalhamos durante vários dias, até que algo aconteceu. Nós três estávamos na van de Bob quando este se irritou com Billie, desfiando uma longa lista de reclamações. Bob insistia em que o Exército estragara Billie, que este não sabia mais trabalhar, que não se importava com a qualidade, não cumpria suas funções, etc. Quando chegamos ao departamento de engenharia, Billie e eu ficamos na van enquanto Bob foi buscar alguma coisa. Alguns minutos depois, Billie me olhou e disse:

– No passado, tentei aturar as críticas do Bob. Achei que conseguiria, porque preciso do emprego. Mas não aguento mais. Estou fora. – Então saiu da van na qual acabávamos de chegar para trabalhar, caminhou até a calçada, fez sinal para pedir carona e voltou para casa, a 65 quilômetros dali.

Quando Bob apareceu e entrou na van, perguntou:

– Onde está Billie? – Eu lhe contei o que acontecera e Bob não falou mais nada o dia todo.

No dia seguinte, Bob estava novamente a mil por hora e eu era seu único assistente. Eu já havia trabalhado mais de 50 horas naquela semana e ainda era quinta-feira. Faltavam duas jornadas inteiras para encerrarmos a semana. Naquela tarde, Bob descontou em mim algo com que não estava satisfeito e não mediu palavras para me humilhar.

Qual era uma das limitações pessoais que me afetavam naquela época? Eu tinha um problema terrível com conflitos. De fato, por causa de minha infância difícil e do modo como eu havia sido tratado em casa, eu realmente tinha medo de confrontos e não sabia como lidar com eles. O que aconteceria se eu dissesse alguma coisa e fosse demitido, ou algo pior? Eu vivia evitando discussões e não tinha coragem de dizer o que pensava.

Exceto nesse dia. Eu estava cansado, com fome, e Bob cometeu o erro de envolver minha namorada. Foi a gota d'água.

Nossas limitações pessoais se chocaram e eu revidei no mesmo instante:

– Você reclama de tudo e é o cara mais perverso que já vi. Não é à toa que ninguém quer trabalhar para você. Nunca conseguiu manter alguém por mais de seis meses e passou toda a sua vida infeliz fazendo isso. Não consegue se dar bem nem com sua família. Se disser mais uma palavra, eu me *demito*!

Pronto. Falei. Meu coração estava acelerado e eu estava arrasado por dentro, mas consegui! Felizmente, não tive tempo de pensar antes de falar, pois senão teria me convencido a não dizer nada. Voltei para a van e ele não disse mais nada o dia inteiro.

No dia seguinte, Bob me procurou e se retratou:

– Me desculpe por ontem. Contei à minha mulher o que aconteceu e ela concordou com você. Prometo que não vou fazer isso de novo.

Nunca mais ele se dirigiu a mim em tom de crítica. Fomos amigos até o fim da vida dele. Infelizmente, não havia muita gente em seu enterro, pois ele tinha afastado quase todas as pessoas que fizeram parte de sua vida. Os Críticos costumam terminar sozinhos.

Os Críticos em casa

Esta é a tragédia dos Críticos: suas limitações pessoais são ainda mais prejudiciais em casa. Nada os deixa totalmente satisfeitos. As reclamações começam quando entram em casa. Se os filhos lavaram a louça, a pessoa excessivamente crítica perguntará: "Por que não passaram um pano na bancada?"

Ninguém consegue agradá-los e, infelizmente, em geral eles não fazem ideia de quanto agridem os outros. Na cabeça deles, estão apenas tentando ajudar. Não percebem o que estão fazendo e, mesmo quando alguém diz isso a eles, não entendem. A única maneira de lidar com eles é apresentar exemplos específicos, para que não neguem o que fazem.

Em alguns casos, as pessoas ganham a vida sendo excessivamente críticas. Em certas profissões, isso é vantajoso. Por exemplo, em engenharia é preciso alguém com olho crítico, que perceba detalhes que estão errados. Porém, se ele levar esse hábito para casa, verá quanto isso afeta a família.

Um cliente meu, Donnie, era sócio de uma grande empresa de engenharia. Por ser um de seus fundadores, ele "sabia" tudo o que precisava ser feito e reclamava que seus outros sócios não eram tão dedicados quanto ele nem viam o cenário pela mesma perspectiva. Além disso, afirmava que os engenheiros jovens que estavam contratando não tinham a mesma ética profissional e que não se faziam mais funcionários como antigamente.

Certo dia, quando entrávamos no edifício, ele se queixou dos cuidados precários com a grama e os canteiros. Então se dirigiu à sua secretária e lhe ordenou que contratasse outra empresa de jardinagem, pois a atual não estava fazendo um bom trabalho. Ele estava farto de ver serviços malfeitos por aí e não queria que o mesmo acontecesse na própria empresa.

A secretária olhou para ele e disse:

– Sr. Donnie, o senhor não se lembra? Quem está cuidando do jardim neste verão é seu filho. Ele começou a trabalhar esta semana.

– Bom, então diga a ele que trabalhe direito. Ele não pode fazer aqui o que faz no jardim de casa – Donnie retrucou, entrando em sua sala.

Ele era um mala. Nada nem ninguém o agradava. Finalmente, com a ajuda dos sócios, conseguimos mantê-lo dedicado a tarefas que não afetavam outras pessoas e aumentamos o salário de dois funcionários subordinados a ele. Os outros sócios se referiam a esse aumento como "adicional de insalubridade" e o consideravam mais do que justo.

Olhar sem ver

Ter que conviver com personalidades excessivamente críticas é um problema com o qual tenho muita familiaridade, pois o enfrentei a vida toda na forma de algumas pessoas íntimas e queridas da minha família.

Há vários anos, quando estava terminando minha pós-graduação, eu sabia que queria fazer algo diferente do que faziam as outras pessoas à minha volta. Eu precisava encontrar algo que me realizasse mais do que somente ter um negócio ou encontrar um emprego. Após refletir muito, decidi fundar um centro de atendimento psicológico sem fins lucrativos, que atendesse a todos os que entrassem procurando ajuda.

Fui visitar meus pais sem saber ao certo como falar com eles sobre meu futuro. Eu estava entusiasmado e não queria que me jogassem um balde de água fria, pois seus planos para mim *não* incluíam meu envolvimento com pobres e delinquentes da região central do Texas. Naquela noite, após o jantar, nós nos sentamos na sala de estar e eu expliquei que tinha mudado de ideia e não iria para a África em um importante projeto de pesquisa, mas que estava pensando em ficar ali e trabalhar com crianças problemáticas e gangues de rua.

O choque e a frustração deles foram brutais. Imediatamente, ouvi que estava jogando fora a minha vida e que nada daria certo.

– De que você vai viver? – perguntavam. – Você vai morrer de fome, e sua família também. É uma péssima decisão. Quem vai sustentar você?

Esse tipo de crítica não era novidade para mim. Eu a ouvia cada vez que expunha alguma ideia a eles. Embora eu já fosse um adulto responsável, as perguntas de minha mãe eram sempre as mesmas. Ela não conseguia entender o que eu dizia, nem por que essa decisão era importante para mim.

Acabei abrindo a clínica e o trabalho me proporcionou grandes realizações. Anos depois, após artigos em jornais, recomendações governamentais, prêmios e reconhecimentos, cheguei a pensar que minha mãe finalmente perceberia que o que eu fazia era bom e importante. Mas isso nunca aconteceu. Com o tempo, desisti de tentar fazer com que ela me compreendesse e me concentrei naquilo que eu acreditava que devia fazer da vida. Tentar conseguir a aprovação dela simplesmente levava tempo demais e, para ser sincero, também era muito doloroso.

Vida nova para um celeiro velho

Muitos anos depois, após eu ter deixado a clínica sem fins lucrativos e fundado uma nova empresa, Susan e eu viajamos para Vermont e conhecemos pessoas maravilhosas. Estávamos hospedados em um hotelzinho familiar e certa noite, durante o jantar, um novo amigo nos perguntou o que tínhamos feito naquele dia. Eu lhe contei que passáramos a tarde visitando celeiros velhos – mas sempre a 110 quilômetros por hora, pois o grupo com o qual eu estava não tinha muita vontade de parar e me deixar explorar cada celeiro de Vermont. Jim e Marilyn Ellis, um casal jovem de Ohio, estavam sentados na nossa frente e um deles me perguntou por que eu tinha tanto fascínio por celeiros velhos.

– É que eu gostaria de desmontar um, levá-lo até o Texas e transformá-lo no meu escritório – expliquei.

Os olhos de Marilyn brilharam:

– Que interessante! Eu tenho um celeiro em Ohio, que existe há mais de 170 anos e continua impecável – explicou. – Eu o daria a você com prazer se tiver um uso para ele.

Precisei me esforçar para não sair pulando e correndo em volta da mesa.

– Sim, seria ótimo – respondi.

E foi. Após planejar mil detalhes, contratei uma equipe para desmontá-lo, durante o que acabou sendo uma das piores nevascas da história de Ohio. O celeiro de dois andares e quatro divisões saiu do nordeste do país rumo ao sul, para o clima quente do Texas. Quando o caminhão chegou, os meninos e eu olhamos incrédulos para 22 toneladas de colunas e vigas.

Nunca vou me esquecer dos sentimentos que tomaram conta de nós quando levantamos aquelas vigas de carvalho de 12 metros de comprimento, cortadas e trabalhadas à mão pelos amish 170 anos antes. Descarregamos todo o material e o empilhamos nos lugares assinalados.

Algumas semanas após a chegada do carregamento, decidi fazer a montagem à moda antiga. Em um fim de semana quente de verão, convidei uns 30 amigos para, juntos, reconstruirmos o celeiro.

Sente-se certa reverência ao tocar algo feito por alguém que se orgulhava de seu trabalho. Aquela tarde, cada um levou para casa um dos pregos antigos, para se lembrar da fantástica estrutura do celeiro e do tempo que passamos juntos naquele dia.

Quando estávamos envolvidos com a montagem havia algumas semanas, minha mãe veio passar uma temporada conosco. Meu filho mais velho, Matthew, estava subindo nas vigas para lixá-las e limpá-las, em preparação para as etapas seguintes. Ele estava deitado em uma das mais altas, observando o mundo abaixo dele, quando minha mãe chegou.

Ela entrou no celeiro, voltou-se para mim com aquele olhar que eu conhecia bem e disse:

– Acho que isto não vai dar certo. Seus clientes não virão até aqui para se encontrar com você. Em pouco tempo você vai falir e perder tudo. E aí, o que vai fazer?

Finalmente, ela disse o que eu sabia que ela passara a vida toda pensando:

– Flip, por que você não pode ser uma pessoa normal, com um emprego normal, e viver igual a todo mundo?

Fiquei olhando à minha volta e percebi meu filho dependurado lá em cima. Ele tinha ouvido tudo. Respondi baixinho:

– Bom, aí eu teria um ótimo lugar para guardar feno, não é? – Balançando a cabeça, ela voltou para a casa.

Então Matthew me fez uma pergunta que nunca esquecerei:

– Pai, como você fez para crescer ouvindo isso o tempo todo?

De início, pensei: "Como assim?"

Ele prosseguiu:

– Ela é sempre tão negativa, mas parece que você nem escuta.

Eu sabia que meu relacionamento com ela era diferente de qualquer outro que tive na vida, mas foi só então que percebi que, assim como minha mãe tinha perdido a capacidade de enxergar algo de bom em mim, eu também tinha perdido a capacidade e o desejo de escutar o que ela dizia.

Para mim, era melhor não ouvir suas críticas e dar atenção às pessoas que sabiam "ver" aquilo que de fato tinha relevância na minha vida. Se não fosse pelas pessoas positivas com quem convivi, talvez eu nunca tivesse conseguido – sem dúvida, não estaria onde estou hoje.

Você é Crítico?

Entre os sintomas a seguir, marque os que você identificar em si mesmo e some quantos marcou.

- ☐ Eu reparo em coisas que não estão certas ou do jeito que deveriam estar.
- ☐ O sarcasmo é um estilo de humor com o qual me identifico.
- ☐ As pessoas não costumam atingir o alto padrão que eu espero.
- ☐ As pessoas não parecem ficar entusiasmadas nem felizes em me ver.
- ☐ Fico facilmente frustrado se não consigo dos outros o que quero, do jeito que quero.
- ☐ Pessoas que me conhecem bem já me acusaram de ser cético.
- ☐ Não estou reclamando. Só estou indicando os problemas que precisam ser resolvidos.
- ☐ Tenho fama de dar opiniões sem que ninguém peça.
- ☐ Não dou a nota máxima, porque sempre é possível melhorar.
- ☐ Costumo reparar nos defeitos das outras pessoas.

Você tem tendência a ser Crítico?

Marque a seguir seu valor total.

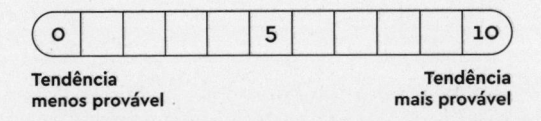

0				5				10

Tendência
menos provável

Tendência
mais provável

Sou Crítico – Socorro!

Recentemente, conheci alguém com esse tipo de limitação. Enquanto conversávamos, vi que havia uma caneta na mesa dele. Eu a segurei firme com as duas mãos e a entortei. Então pus a caneta na frente dele e disse:

– Isso é o que você faz com seus talentos. Cada vez que você implica com as pessoas, prejudica sua própria capacidade. Carregue esta caneta como um lembrete; aliás, não vou cobrar nem um centavo a mais por isso. – Ele achou graça, porém o mais importante é que entendeu o que eu quis dizer.

O fato de que as pessoas assim sempre veem espaço para melhorias nos outros e no que fazem não é ruim, mas quero garantir que elas conquistem o direito de expressar as opiniões. Para ser sincero, não curto muito quando alguém tenta corrigir meus defeitos. Em vez de se preocupar com os demais, que tal investir em si próprio? "Corrigir" é algo rápido e unilateral, ao passo que "investir" implica uma responsabilidade de longo prazo, das duas partes envolvidas.

Podemos ilustrar os perigos dessa limitação usando uma simples lata de alumínio. Separe uma lata de refrigerante e amasse-a um pouco cada vez que você se pegar dando uma opinião que não foi pedida, fazendo um comentário sarcástico ou reclamando de algo. Depois, tente desamassá-la para que ela volte à forma original. É impossível.

Se você estiver em uma posição de gerenciar outras pessoas, é essencial superar essa limitação, e não só porque eu estou dizendo. As pesquisas mostram que, quando as pessoas largam o emprego, na maioria dos casos estão de fato largando o chefe. Com relação aos pais, pesquisas semelhantes mostram que os filhos de perfeccionistas estão fadados a ter medo de fracassar.

Portanto, em vez de observar aquilo que todos os demais precisam mudar, concentre-se mais no que as pessoas fazem direito. Invista nelas e conquiste o direito de desafiá-las. Pense no talento que têm e que você espera fomentar. Talvez seja isso que Michelangelo tinha em mente quando disse: "Eu vi um anjo em um bloco de mármore e o esculpi para libertá-lo."

Etapas de TrAção específicas

Aqui estão algumas ações que você pode adotar para começar hoje mesmo a ganhar TrAção e se transformar numa pessoa melhor. Após ler todos os capítulos referentes às limitações, se esta ficar caracterizada como uma das suas limitações fatais, etapas como estas farão parte do seu Plano de TrAção:

- Vou deixar de ser tão exigente com os demais. Minhas altas expectativas podem dar a impressão de que sou difícil de agradar. Quando eu for muito duro com alguém, vou pedir desculpas mesmo se achar que o outro vacilou. Vou perguntar a três pessoas: "É muito difícil atender às minhas exigências?" Se disserem sim, pedirei desculpas e irei incentivá-las.
- Para deixar de reclamar tanto, passarei um dia inteiro sem fazer qualquer queixa. Seja um parente, amigo, colega ou funcionário, não vou dizer nada negativo; em vez disso, vou tentar entender suas razões e me concentrar mais nos aspectos positivos das pessoas, situações e ideias.
- Vou parar de dar opiniões que ninguém pediu. Em vez de patrulhar os demais, vou deixar que outros que conheçam a pessoa digam algo primeiro, para não continuar sendo visto como Crítico. Também terei humildade em admitir que nem sempre estou certo, então vale a pena guardar minha opinião só para mim de vez em quando.
- Vou começar a observar minha linguagem corporal com mais atenção. Serei mais expressivo e mais positivo nos comentários e no tom de voz, sem cruzar os braços ou franzir o cenho. Sorrir não faz mal a ninguém!
- Deixarei de "alfinetar" as pessoas e de usar de sarcasmo. Não

é tão divertido assim e as pessoas não dizem se ficaram ofendidas ou magoadas.

Como lidar com um Crítico?

Para lidar de forma eficiente com alguém assim, é sempre importante mostrar que se admira a pessoa. Toda limitação, ainda que extrema, contém aspectos positivos; portanto, dê opiniões positivas também. Alguns pontos favoráveis que podem ser enfatizados: o Crítico é atento, exigente e vê oportunidades para melhorar.

- Ao interagir com um Crítico, faça comentários como: "Estou vendo que você tem reservas e talvez precisemos superar alguns desafios", "Que observação perspicaz!", "Temos que levar em conta todas essas preocupações" e "Entendo o que você quer dizer e estou tentando organizar todas as ideias".
- Se você sente que alguém assim está implicando com você, não leve a mal, pois não é nada pessoal. Expresse o que está pensando: "Fiquei preocupado; ajudaria se você também pudesse mencionar algo positivo."

9.

Limitação fatal nº 5: Iceberg
(pouco afável)

Karen Hart era uma professora que participou de uma das oficinas para educadores oferecidas pela minha empresa intitulada "Conquistando o coração das crianças". Quando ela estava por perto, seus alunos a chamavam de "professora Hart". Mas ela descobriu que, entre si, a maioria dos estudantes se referia a ela como "professora Hart*less*".[1] Ela não se zangara, pois, no fundo, sabia que o apelido tinha um motivo.

A verdade é que Karen *realmente* amava as pessoas. Em casa, era uma mãe-modelo em termos de incentivo, afeto e apoio. Na escola, porém, acreditava que a única forma de manter o respeito e o controle era por meio da força. Não era excessivamente exigente ou ríspida como os Críticos do capítulo anterior, mas sua sala de aula não era um local agradável.

Ela não aceitava desculpas e evitava ser amigável, pois pensava que os alunos se aproveitariam de uma professora assim. Visto de fora, em vários aspectos seu sistema parecia perfeito. Os alunos

---

1 Um jogo de palavras com *heartless*, que significa "sem coração" em inglês. *(N. do T.)*

entregavam os deveres no prazo, nunca eram repreendidos pela diretoria e apresentavam um progresso acadêmico adequado. Ela era elogiada pelo diretor, pelos pais, pelos professores e até por alguns alunos. "Eu era sempre homenageada e fui até indicada para um prestigioso prêmio em ensino. Todos os sinais que recebia reforçavam que o que eu fazia estava certo", ela me explicou.

Para muita gente, Karen era uma boa professora. Seus alunos eram responsáveis, bem-comportados e tiravam notas boas nos testes. Contudo, faltava-lhes um vínculo verdadeiro que os unisse.

Karen era boa do ponto de vista acadêmico, mas não de relacionamento. Por isso, não só se mantinha afastada dos alunos como também não criava um ambiente no qual eles estabelecessem vínculos entre si.

Ela me disse que nosso treinamento revelou a ela as limitações pessoais que a estavam restringindo na sala de aula. Ela se mostrou mais acessível, na escola, passou a elogiar os alunos com frequência, a escrever comentários que os incentivassem, a ser mais expressiva e positiva e a cumprimentá-los quando entravam na sala. Nas palavras dela: "Graças ao que aprendi, tornei-me mais capaz de me relacionar com meus alunos e de vislumbrar um comportamento afável e saudável. Aprendi a estar ali *junto* deles."

No fim do ano letivo, Karen refletiu sobre a sua nova postura disciplinar. Lembrou-se das caras de espanto quando ela cumprimentou cada aluno pela primeira vez, assim como do surpreendente afeto – e do nó na garganta – que sentiu ao perceber que ficaria com muita saudade deles.

Karen tinha tal amor pelas crianças que se dispôs a mudar aquelas características que a prejudicavam na função de orientadora e exemplo para seus alunos. Pode até ter pensado que estava fazendo essas mudanças pelo seu próprio bem, mas o impacto duradouro que isso teve em seu método de ensino e em sua capacidade de se relacionar com cada nova turma foi uma recompensa pessoal que ela não esperava.

Navegando em mares gelados

Karen tinha aprendido que não se deve ser afável com os alunos na escola. Isso é lamentável, mas não é incomum. No trabalho que faço junto a educadores e professores, ouço a mesma história o tempo todo. Um tema recorrente nas salas de professores é que "você não é *amigo* do aluno, mas seu *professor*". Não é por acaso que tantos jovens não querem ir à escola. Que criança quer conviver com pessoas que não são atenciosas, não parecem felizes ao vê-la ou demonstram que não gostariam de estar ali? Felizmente, isso não se aplica à maioria dos educadores.

Citei o exemplo de Karen Hart por dois motivos. Em primeiro lugar, hoje ela faz parte da nossa equipe e realiza um trabalho magnífico com os educadores. Em segundo, eu queria mostrar que, em alguns casos, o comportamento observado pode estar mais vinculado ao ambiente e às expectativas do que à personalidade.

Os verdadeiros Icebergs, entretanto, constituem um grupo à parte. Eles não interagem bem com as pessoas e geralmente não têm necessidade de se preocupar com os sentimentos ou o bem-estar dos demais. Não me refiro à timidez, que é uma limitação diferente, mas às pessoas que desenvolvem poucos vínculos e afeto com outras e passam a vida se preocupando com os negócios, mas não com os indivíduos. Como pais, podem ser desapegados e exigentes; como chefes, costumam ser rigorosos e distantes.

É comum encontrar Icebergs no ambiente de trabalho.

A cultura corporativa é fascinante. Algumas empresas, como a Southwest Airlines, valorizam as relações pessoais e são locais de trabalho envolventes e simpáticos. Desde o início, a Southwest instituiu uma cultura de afabilidade e conseguiu provar que pôr as pessoas em primeiro lugar gera *resultados*. Lembro que gostei do meu primeiro voo e fiquei impressionado com a integração da equipe – os pilotos ajudavam os comissários de bordo a limpar a cabine depressa antes que os passageiros embarcassem.

Também me lembro de outra companhia pela qual eu viajava com frequência, cujos voos partem de um aeroporto pequeno na minha cidade. Eu estava fazendo uma conexão em uma cidade grande e o comandante da aeronave estava ao lado do balcão de check-in. A atendente lhe perguntou se ele sabia dizer se o avião já estava pronto para o embarque; ele a encarou e apontou para as listras na manga do paletó, resmungando: "Acha que eu sou alguém a quem se faz esse tipo de pergunta? Não me pergunte o que *você* deveria saber!" E saiu pisando forte. Todos se solidarizaram com a atendente, que ficou tentando conter as lágrimas. Duvido que alguém ali tivesse vontade de subir naquele avião.

Os Icebergs criam iglus

O jovem casal tinha preenchido os formulários e estava me esperando quando saí do escritório para recebê-los. Barbara, minha secretária na época, havia deixado os dois à vontade com o processo de consulta a um psicoterapeuta.

Quando entraram na minha sala, notei que o marido esperou que a mulher escolhesse uma cadeira e depois se sentou ao lado dela. Eram jovens e pareciam dedicados à carreira, aparentando ter ido para a consulta direto do trabalho. Quando li as informações no formulário, percebi que eles não tinham completado a seção sobre o motivo que os levara ali. Em geral, o fato de não preencher essa parte significa que é um assunto que os pacientes preferem discutir em particular. Eu compreendi e expliquei como tratávamos o caráter confidencial do atendimento, assegurando-lhes que eu não discutiria os problemas deles com mais ninguém.

Após algumas perguntas gerais, indaguei:

– Então, o que os traz aqui? Como posso ajudar?

Eles se entreolharam e Tim, o marido, não disse nada. A mulher, Caroline, me olhou e disse:

– Precisamos falar sobre a nossa vida sexual.

Começamos muito bem. Ele estava meio constrangido, mas ela parecia mais aberta a discutir o problema diretamente. Fiz as perguntas básicas:

– Vocês conseguem falar sobre isso um com o outro? O que sentem quando discutem essa questão? Já tentaram conversar sobre essas diferenças com mais alguém, como alguém da igreja que frequentam, um casal mais velho ou algum amigo?

Eles começaram a relaxar e revelaram que não haviam tido uma vida sexual ativa antes de se casarem e que este relacionamento tinha sido o primeiro para ambos. Então Tim comentou:

– Eu acho que ela não gosta de fazer amor comigo. Já tentei de tudo e tive paciência, mas acho que ela nem liga.

– Não é isso – respondeu Caroline. – Eu amo você, só que não tenho as mesmas necessidades que você tem. Você é homem, eu não. É diferente. Tim, você está sempre tão carente! O que você quer é um exagero.

Isso nos levou a uma pergunta importante.

– Digam-me: o que é *exagero*? Com que frequência vocês fazem amor?

Tim respondeu que, por causa do trabalho, toda semana ele passava alguns dias fora de casa e que, quando estava fora, sentia saudade de Caroline.

– Eu ligo para ela, ficamos conversando e gostamos de estar juntos, pois temos os mesmos interesses e gostamos de falar de trabalho e tudo o mais.

– Certo, eu entendo que vocês se gostem, mas isso não responde à pergunta. Com que frequência vocês fazem amor?

– Bom, em média, umas duas ou três vezes – disse Caroline.

– Duas ou três vezes... o quê? Por mês, por dia, por semana, por ano? De que frequência estamos falando? – perguntei.

– Talvez umas duas ou três vezes a cada seis meses – respondeu ela. Tim olhou para mim como se estivesse ferido por dentro.

– Tim, você concorda? – perguntei.

– Concordo, é mais ou menos isso, mas esse não é o único problema. Ela nem me abraça quando eu chego em casa. Sempre há documentos de trabalho na cama ao lado dela; eu chego e nós conversamos, e só. Não nos beijamos nem nos tocamos, e ela não é carinhosa. Eu não a traio, nunca faria isso, mas quero que ela me ame e não consigo. – Seus olhos transmitiam uma dor profunda enquanto ele se expressava da melhor forma que conseguia. Não parecia estar bravo, apenas sentido.

– Mas eu o amo, e ele sabe disso. Só que não fico demonstrando isso o tempo todo. Não é isso que é importante para mim. Eu não gosto de grude. Não gosto de vê-lo triste, mas não entendo. O que há de errado se não fizermos sexo todo mês? Se é o que nós dois queremos, não está bom?

É claro que está, se duas pessoas estiverem de acordo com isso e felizes com a relação. Não há cronogramas rígidos que os casais precisem seguir. Do ponto de vista clínico e por respeito às pessoas, concordo que a decisão é delas. Mas esse não era o caso aqui. Tim *não* estava feliz e sofria tanto com a ausência de afeto e atenção na relação quanto com a falta de sexo. Talvez ele estivesse mais preocupado com a falta de sexo do que com a de carinho, mas é fato que carecia de ambos.

Nos meses seguintes houve bastante progresso, mas não foi o tipo de progresso que me agrada. Em vez de expressar mais seu afeto, Caroline treinou uma rotina de comportamentos para quando Tim voltasse para casa, e ela a executava com precisão. Mas era óbvio que faltava algo.

Com o tempo, Tim se acostumou à falta de afeto da esposa e, durante anos, viveu uma vida "incompleta", satisfazendo-se como podia com a amizade e o companheirismo que compartilhavam em várias outras áreas. Minha relação com eles mudou; nós nos tornamos amigos e nos encontrávamos sempre. Eles tinham uma filha chamada Tammy que era um amor, e eu também acompanhei seu crescimento.

Certo dia, Tammy me telefonou perguntando se eu lhe faria o favor de ir falar para um grupo de jovens na faculdade dela. Ela também queria me convidar para almoçar. Era uma das jovens mais meigas que conheci; minha mulher e eu desenvolvemos um enorme carinho por ela. Concordei na mesma hora em almoçar com Tammy.

Marcamos a data e nos encontramos em um restaurante. Foi bom pôr a conversa em dia. Após um tempo, ela me olhou com preocupação.

– O que há de errado com a minha mãe? – perguntou. – Por que ela não me ama? Eu chego da faculdade e parece que nem estive fora. Sei que ela gosta de mim, mas sabia que ela nunca me abraça? E o mais triste é que, mesmo agindo assim, ela ainda é mais carinhosa comigo do que com o papai. – Tammy se inclinou na minha direção e perguntou baixinho: – Foi algo que fiz, ou aconteceu alguma coisa quando eu era pequena que fez com que ela não quisesse ficar perto de mim?

Assim descobri que a limitação de Caroline ainda persistia e agora estava afetando a segunda relação mais importante de sua vida. Conversei com Tammy e esclareci que isso não tinha nada a ver com ela. Precisei fazer alguns malabarismos para tocar nesse assunto sem revelar minhas conversas com os pais dela, anos antes. Depois, Tammy me olhou e disse:

– Flip, não quero ser assim. Eu sou carinhosa com os outros. Quero que as pessoas saibam que são importantes para mim. Minha mãe é uma ótima executiva, mas, como mãe, faz tudo errado. Eu preciso que ela me ame e que consiga demonstrar isso. Vou lhe dizer uma coisa: não quero passar a vida toda assim.

Não encarar os problemas que precisam ser resolvidos não é o mesmo que resolvê-los. Também não basta que os outros "se acostumem" com seu jeito de ser. Mais cedo ou mais tarde, nossas limitações nos alcançam e, às vezes, é tarde demais e o custo é muito elevado.

Uma festa para Williams

Mike Steele viajou para se encontrar comigo e conversar sobre a Agate, a empresa que ele possuía e cuja sede ficava no Texas. A Agate é uma divisão de uma empresa que está entre as 500 mais lucrativas dos Estados Unidos. Além de ser um grande empresário, Mike, de 1,93 metro, tem uma presença física imponente.

Gostei dele de cara. Mike sabia o que estava fazendo e aonde queria chegar. Ele queria que sua empresa fosse a melhor possível e sentia que poderíamos ajudá-lo a chegar lá. Quando conversamos sobre as limitações pessoais, Mike logo percebeu que tinha uma. Aliás, várias.

Mike tinha um funcionário brilhante e queria que esse profissional também crescesse, então iniciamos os processos de Superação das Limitações Pessoais com ambos.

O braço direito de Mike e diretor financeiro da Agate se chamava Hal Williams, um jovem excepcional e dedicado que tinha uma mentalidade "matemática". Quando se tratava de regras, mesmo as não explícitas, ele era claro e direto, e estava muito empenhado na carreira. Contudo, tinha limitações pessoais sérias e, conforme progredia na empresa, elas começavam a gerar efeitos adversos à sua ascensão.

Seu chefe, Mike, foi crescendo e acabou sendo convidado a ocupar o cargo de presidente, na matriz, em Dallas. Esta promoção fantástica vinha cumprir uma das metas que tínhamos estabelecido no início do processo, e também significava que Hal seria promovido a presidente da Agate.

A promoção de Mike foi um acontecimento muito festejado, mas a de Hal não. Quase ninguém ficou feliz com a notícia. A maior limitação pessoal dele era a falta de afeto e de atenção pelos colegas. Ele só se envolvia com o que era importante para ele, não para seus subordinados.

Naquela semana, Hal me telefonou e conversamos sobre isso.

– Flip, estou entusiasmado com o novo cargo, mas ninguém aqui parece me querer na presidência. O problema é tão sério assim? Eu sou uma pessoa tão difícil de se conviver? – perguntou ele.

– É, sim – foi minha resposta.

Pelo telefone, senti quanto isso o magoou.

– Hal, você pode mudar isso. Você é capaz, e agora tem a motivação para realizar as mudanças necessárias – expliquei.

Concordamos que nossa meta seria uma festa. Não uma festa para *ele*, mas uma festa que ofereceríamos todos os dias para seus *funcionários*. Hal se comprometeu a ser mais atencioso com eles, garantindo que conquistassem promoções, aumentos, bônus e boas oportunidades. Em vez de apenas se concentrar na *própria* carreira, ele passaria a incentivar a carreira daqueles à sua volta.

E ele se comprometeu da mesma forma com a família. Hal amaria sua esposa incondicionalmente e elogiaria seus filhos por tudo o que eles fizessem de positivo. Ele tinha uma missão: o crescimento pessoal.

Hoje, Hal é diretor financeiro global da Agate e trabalha lado a lado com Mike Steele e o presidente do conselho administrativo, Tom Woolford. A equipe que trabalhava diretamente para Hal em Austin se mudou para Dallas. Ele se tornou uma pessoa muito mais afável e, quando recebeu o convite para ocupar o novo cargo, os funcionários lhe fizeram uma festa, pois *ele* tinha aprendido a celebrar os feitos *deles*. Hoje Hal é mais extrovertido, simpático e afável do que jamais teria imaginado, e graças a isso tem uma vida mais plena. Ser afável não significa ser frouxo ou sentimentalista, mas se importar com os outros e aprender a expressar isso.

Você é um Iceberg?

Entre os sintomas a seguir, marque os que você identificar em si mesmo e some quantos marcou.

- ☐ As pessoas podem e devem resolver seus próprios problemas.
- ☐ Em geral, eu filtro os telefonemas e só ligo de volta se for importante.
- ☐ Os outros dizem que eu não sou dos mais afetuosos.
- ☐ Eu não elogio as pessoas tanto quanto os demais.
- ☐ Eu me fecho quando estou perto de pessoas com as quais não me sinto à vontade.
- ☐ Demonstrar comportamentos afáveis me deixa constrangido, mesmo entre pessoas mais próximas.
- ☐ Eu raramente penso no que poderia fazer por outra pessoa.
- ☐ Em geral, não faço questão de cumprimentar as pessoas, sobretudo as estranhas.
- ☐ Não é raro me perguntarem o que estou pensando, pois sou fechado.
- ☐ Não cabe a mim ajudar os outros a terem orgulho de si próprios.

Você tem tendência a ser Iceberg?

Marque a seguir seu valor total.

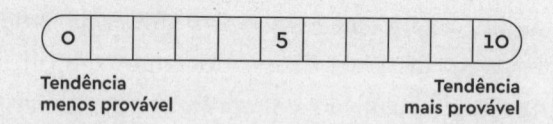

0				5				10

Tendência menos provável — Tendência mais provável

Sou um Iceberg – Socorro!

Há uma frase de Molière que captura a essência desta questão: "Nós não somos responsáveis somente pelo que fazemos, mas também por aquilo que não fazemos."

Recentemente, um amigo me confessou que se sente só. Explicou que, no fundo, gosta das pessoas, mas não consegue se relacionar com elas e não tem o hábito de demonstrar quanto se importa com elas.

É comum que essa limitação sobressaia quando estamos fora do nosso núcleo familiar. Muitos demonstram carinho pelas pessoas mais íntimas, provavelmente porque se sentem mais seguros. Por outro lado, podem parecer mais fechados ou sérios entre aqueles que não conhecem muito bem. Talvez no fundo sintam certo afeto, mas é importante mostrar esse lado para mais gente.

Um bom conceito para se ter em mente é o do vínculo emocional. Pare e pense em uns dois amigos próximos que você teve a vida toda. Imagino que sejam amigos com os quais tenha estabelecido um vínculo emocional. É até provável que você tenha outros com quem passe mais tempo.

Busque oportunidades de estabelecer vínculos emocionais com aqueles à sua volta. Invista na "conta bancária emocional", construindo relações duradouras, que resistam às intempéries da vida.

Etapas de TrAção específicas

Aqui estão algumas ações que você pode adotar para começar hoje mesmo a ganhar TrAção. Após ler todos os capítulos referentes às limitações, se esta ficar caracterizada como uma das suas limitações fatais, etapas como estas farão parte do seu Plano de TrAção:

- A cada dia, não irei dormir até ter cumprido pelo menos uma destas tarefas: (1) enviar um e-mail positivo para alguém, (2) telefonar para incentivar alguém ou (3) elogiar alguém. Isso me ajudará a investir nas minhas "contas bancárias emocionais".
- Vou começar a interagir com as pessoas quando as encontrar. Deixarei o que estiver fazendo e irei cumprimentá-las com entusiasmo. Mesmo se estiver no meio de uma tarefa, posso conversar um pouco e depois dizer educadamente que preciso voltar para minhas obrigações.

- Vou tentar saber mais sobre as pessoas com quem convivo, dizendo frases como: "Talvez eu tenha passado a impressão de que não lhe dou muito valor, então você poderia me dizer como posso valorizar mais o nosso relacionamento?" Vou fazer perguntas que me levem a descobrir o que é importante para os outros: "Como está sua família?" ou "Em que você tem pensado ultimamente?" Também me permitirei ser vulnerável, deixando que conheçam meu verdadeiro eu.

Como lidar com um Iceberg?

Para lidar de forma eficiente com alguém assim, é sempre importante mostrar que se admira a pessoa. Toda limitação, ainda que extrema, contém alguns aspectos positivos; portanto, dê opiniões positivas também. Alguns pontos favoráveis que podem ser enfatizados: o Iceberg não se envolve em sentimentalismos desnecessários, não deixa que os relacionamentos o façam esquecer outras prioridades.

- Se você não está conseguindo ver um lado mais afável da pessoa, em vez de ficar esperando, faça perguntas específicas, como: "Você gosta do que acabei de dizer?" ou "Não consigo adivinhar o que está pensando – poderia me dizer o que acha bom nisto?" Tenha expectativas realistas, pois a pessoa não mudará drasticamente de comportamento.
- Visto que os Icebergs são mais fechados, é possível ser um pouco mais direto. Se você precisar de estímulo da parte deles, diga-lhes isso; se necessário, seja explícito. Se a resposta deles não for suficiente, insista. É possível ser bastante direto, mas eles precisam seguir comportamentos específicos. Ajude-os a entender os benefícios que obterão se adotarem um lado mais emocional, o que provavelmente melhorará seus relacionamentos e sua produtividade. É possível que reajam pensando ou dizendo que você está "carente", então diga objetivamente

que o problema não é você, e que talvez eles possam pedir outras opiniões. E, por fim, não desanime quando eles não agirem de acordo com sua expectativa na próxima vez que essa situação se repetir. Por vezes, os Icebergs são incapazes de enxergar uma necessidade óbvia, então tenha paciência até que eles desenvolvam essa habilidade.

10.

Limitação fatal nº 6: Catatônico

(paixão, visão ou vigor baixos)

Há meses recebi uma ligação de David, um velho amigo. Quando estávamos terminando a conversa, ele me perguntou se eu almoçaria com Michael, o filho dele, para falar sobre o futuro do rapaz. David explicou que Michael estava tendo dificuldade em escolher uma carreira e decidir o que fazer da vida. Há anos não nos encontrávamos e gostei da ideia de revê-lo.

Nós nos encontramos em um restaurante e, durante a conversa, trocamos informações sobre as disciplinas que ele tinha cursado. Ele não se mostrava muito empolgado com nenhuma delas. Já tinha créditos suficientes para se especializar em uma das áreas, mas as matérias eram tão desconexas que ele ainda estava longe de se formar. Na verdade, Michael já estava no quinto ano e ainda precisava de mais um ano para concluir a faculdade.

– E como estão indo as aulas? – perguntei.

– Larguei algumas matérias este semestre, pois não estava indo bem e, quando analisei quais disciplinas eu precisava cursar, percebi que elas não iriam me ajudar a concluir a graduação – respondeu ele.

– Quantas horas de aula por semana você estava fazendo e quantas abandonou? – perguntei, e a resposta me deixou estupefato.

– Eu estava fazendo 15 horas, mas agora faço só três. Deduzi que, se eu mudar de especialização, não vou precisar das outras.

Era inacreditável. Ele tinha largado 12 horas *em um semestre*, depois de se matricular e pagar pelas disciplinas que, para começo de conversa, ele nem sequer tinha verificado se integravam a grade do curso que escolhera! Por que alguém se inscreve em algo que não vai acabar, paga e depois abandona?

A resposta é fácil: porque era outra pessoa que estava pagando.

Os pais de Michael são boas pessoas. O dinheiro que ganham não vem fácil, é conquistado mediante muito trabalho. David tem um emprego bom, mas que exige que ele viaje bastante e trabalhe até tarde. A mulher dele também trabalha, além de lidar com o fato de ter o marido fora de casa duas noites por semana.

– Michael, a que horas você acordou hoje? – perguntei.

– Cara, fui dormir tarde ontem e não consegui acordar cedo. Ele riu.

– Bom, eu também dormi tarde, mas a que horas você acordou?

– Um pouco antes de vir almoçar com você.

Vejamos se entendi bem: ele ficou acordado até tarde, sua única obrigação é estudar, ele só tem três horas de aulas por semana e não se levantou da cama até a hora de sair para almoçar. Que vida dura! Pelo menos ele foi sincero.

– Michael, você sabia que há alguns anos eu tive um infarto?

– É, eu soube. Agora você está legal? – perguntou ele.

– Estou, mas tenho problemas cardiovasculares e já passei por três cirurgias. Eu cuido da alimentação, faço exercícios e, agora que está tudo sob controle, estou em forma – respondi.

– Que bom – disse ele.

Terminamos de comer e logo a conversa voltou para o assunto que ele queria debater: sua carreira.

– Preciso achar um emprego que me permita trabalhar quantas horas quiser e ganhar muito dinheiro. Eu não quero viver sob pressão e pretendo ter tempo livre para encontrar meus amigos. Não sei ao certo o que eu quero fazer, mas esse é o tipo de emprego que estou procurando – explicou ele. – Que carreira você acha que eu deveria escolher?

Ele me deu a oportunidade que eu esperava desde o início da conversa:

– Michael, você sabe que a minha empresa está indo bem, não sabe?

– Claro!

– Tenho uma proposta para você, mas não sei se vai gostar. Nos primeiros anos não é difícil. Aliás, você fica livre para fazer o que quiser.

Ele se mexeu na cadeira, entusiasmado.

– Nossa, parece ótimo! O que é?

– Acho que você deveria pensar em ser *doador*. Daqui a alguns anos, vou precisar de um coração novo e, como você não está fazendo nada de útil com esse coração saudável que tem, então eu poderia pagar adiantado pelo seu. Depois, quando eu precisar, você me dá o seu. Você está jogando a vida fora e eu não, então é mais do que justo que eu tenha a oportunidade de concluir os projetos importantes aos quais estou me dedicando. O que me diz? Vamos fechar negócio?

Ele ficou perplexo e me olhou como se eu o tivesse apunhalado pelas costas. Sim, eu havia sido frio e cruel. Mas era a verdade nua e crua. Aproximei-me, olhei bem em seus olhos e disse:

– Garoto, você está se tornando um imprestável. Levante da cama e faça algo com os dons que recebeu. Além do mais, não me chame para almoçar, a menos que esteja estudando e tenha algo de útil para contar. Você tem um potencial extraordinário, mas cada dia que desperdiça é um insulto à capacidade que tem. Termine a faculdade e faça algo da vida, ou aceite a minha proposta.

Dei um beijo na testa dele, me levantei, o abracei e fomos embora.

Muitos meses se passaram até que Michael me ligou. Ele estava se formando e tinha algumas entrevistas de emprego agendadas. Acabou conseguindo uma boa vaga em uma empresa de prestígio e está indo bem. Hoje ri ao contar essa história. Ele aprendeu a lição.

Tenho dificuldade em entender as pessoas que não tentam fazer algo proveitoso com a vida que receberam. Ao longo dos anos, pude acompanhar um amigo que tem transtornos mentais graves. Todos os dias ele vai trabalhar em troca de um salário que, na melhor das hipóteses, é baixo, porém sempre aparenta estar tendo um dia excelente. Quando o vemos contar como ajuda as pessoas no supermercado, conhecendo cada cliente e os filhos dos clientes pelo nome, temos a impressão de que ele está transformando o mundo. De fato, ele *está* transformando o mundo. Mas então vejo muita gente que faz muito pouco com o talento que tem. Às vezes, é preciso uma crise séria ou uma questão de vida ou morte para que um Catatônico tome um choque de realidade e perceba que o tempo está passando e que a vida é preciosa demais para ser jogada fora.

Não deixe para depois

Não posso deixar de relatar mais um aspecto que nossa pesquisa nos revelou. Paixão e determinação são traços comportamentais aprendidos. É possível ensinar as crianças a terem a paixão e a garra que as levarão a superar seus problemas. No entanto, é extremamente difícil introduzir paixão e determinação na vida de um adulto que já passou dos 30 anos.

Se você já precisou contratar alguém, deve saber que ou a pessoa chega para trabalhar com disposição e comprometimento ou não consegue produzir quase nada. Gosto da resposta que o grande técnico de futebol americano Lou Holtz deu quando lhe perguntaram "Como você consegue manter os jogadores tão motivados?": "Não é difícil conseguir um time totalmente motivado. Quem não estiver motivado é demitido."

Motivação, determinação, paixão e desejo de sucesso são características desenvolvidas nas primeiras etapas da vida de uma pessoa. Elas são visíveis no campo em que as crianças jogam bola, na sala de aula ou quando fazem um experimento em laboratório. Ficam evidentes quando uma criança está praticando com um instrumento musical, ou desenhando, ou se dedicando a qualquer atividade que a deixe entusiasmada.

Em uma criança, a paixão é uma pequena chama que alguém de visão pode apagar ou fazer crescer – alguém que veja além do que a criança *é* e vislumbre o que ela *pode ser*.

Você é Catatônico?

Entre os sintomas a seguir, marque os que você identificar em si mesmo e some quantos marcou.

- [ ] As pessoas vivem me dizendo que sou "encostado".
- [ ] No trabalho, é melhor se alguém me monitorar e me ajudar a estabelecer prazos.
- [ ] Acho que eu trabalho muito melhor sob pressão. Por esse motivo, no início de um projeto, não me empenho tanto quanto deveria.
- [ ] Acho que as pessoas que se dedicam muito ao trabalho não sabem aproveitar a vida.
- [ ] Não sou promovido com muita frequência.
- [ ] É muito importante curtir a vida.
- [ ] Não posso ser caracterizado como uma pessoa intensa e motivada.
- [ ] Se alguém me cobrar, posso cumprir o que for pedido, mas raramente tenho iniciativa própria.
- [ ] Aproveito o horário de trabalho para resolver questões pessoais.
- [ ] Não tenho uma ideia muito clara do que sou capaz de fazer nem de para onde estou indo.

Você tem tendência a ser Catatônico?

Marque a seguir seu valor total.

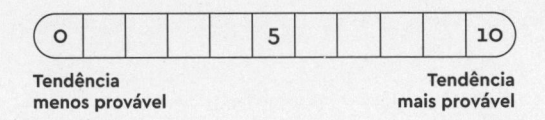

```
( 0 )       5          10
Tendência              Tendência
menos provável         mais provável
```

Sou Catatônico – Socorro!

Mark Twain disse: "O segredo do sucesso é fazer da sua vocação a sua distração."

O que você quer ser e que trabalho quer realizar? Independentemente da sua idade, é provável que você ainda não tenha decidido. Eu também não tenho certeza quanto a mim.

As pesquisas mostram que algumas pessoas têm uma intensidade inata que lhes permite, ao menos em certos períodos, resolver qualquer tarefa com eficiência. Mas a maioria não é assim, e o desafio que eu lanço é o seguinte: encontre uma atividade de que realmente goste e na qual se sinta preparado para ter muito sucesso.

Falar é fácil, é claro, mas essa realidade não pode ser ignorada. Qualquer profissão inclui aspectos que não agradam, então seja realista. Procure aquele aspecto especial da profissão ao qual você realmente sente vontade de se dedicar, aquele que fará você sorrir de satisfação ao fim de um dia árduo de trabalho.

O aspecto difícil dessa limitação é a imagem que ela transmite. Imagine uma pessoa focada e intensa que trabalhe em parceria com alguém mais relaxado. É uma receita para o desastre. A pessoa determinada faz comentários como "Vamos em frente. Quais são nossos objetivos?", e a pessoa descansada responde: "Por que não relaxa? Eu quero que todos fiquem à vontade para dar opiniões. Vamos explorar mais essa possibilidade. Não há problema se não tivermos tudo pronto daqui a uma hora."

Mas o fato é que, se você permanecer agindo como sempre agiu, continuará conseguindo o que sempre conseguiu. Então, se está farto de ficar frustrado com as pessoas que têm objetivos definidos, o que pode mudar para demonstrar que também tem pressa? Se está cansado de não ser considerado para promoções, a quem pode perguntar por que isso acontece? Se você sempre tem uma explicação para não cumprir os prazos, comprometa-se a terminar as tarefas mais cedo da próxima vez.

Você quer saber que atitude as pessoas respeitam de verdade e procuram? Aquela que demonstra paixão.

Identifique algumas tarefas que entusiasmem você e obtenha comentários sobre a sua produtividade – e torne-a cada vez melhor.

Etapas de TrAção específicas

Aqui estão algumas ações que você pode adotar para começar hoje mesmo a ganhar TrAção e se tornar uma pessoa melhor. Após ler todos os capítulos referentes às limitações, se esta ficar caracterizada como uma das suas limitações fatais, etapas como estas farão parte do seu Plano de TrAção:

- Para ser mais disciplinado, organizarei uma lista de tarefas e darei prioridade aos itens mais importantes. Vou estabelecer uma pequena recompensa após cada um ter sido concluído, como um descanso de cinco minutos, tomar alguma bebida ou dar uma volta. (Para tarefas mais longas, subdivida-as em etapas menores.) Se possível, vou conseguir alguém para monitorar meu progresso com mais frequência, até que eu administre melhor meu tempo.
- Vou passar a me adiantar em vez de me atrasar. Evitarei desculpas. Se eu não conseguir cumprir um prazo, vou dizer: "Desculpe se parece que não levei muito a sério esta tarefa. Na próxima vez, vou me empenhar ainda mais." E, se eu sen-

tir que vou perder um prazo, avisarei à equipe e perguntarei: "Alguém tem alguma sugestão para acelerar o processo?"
- Vou procurar minha paixão na vida examinando profundamente minha escolha de carreira/emprego para ter certeza de que é isso que quero para mim. Terei mais chances de sucesso se alinhar meus valores pessoais a um trabalho pelo qual tenha paixão.

Como lidar com um Catatônico?

Para lidar de forma eficiente com alguém assim, é sempre importante mostrar que se admira a pessoa. Toda limitação, ainda que extrema, contém aspectos positivos; portanto, dê opiniões positivas também. Alguns pontos favoráveis que podem ser enfatizados: o Catatônico é agradável e descontraído.

- Para motivar um Catatônico, subdivida as tarefas em unidades pequenas e mensuráveis, celebre os objetivos cumpridos e considere oferecer recompensas como incentivo. Ajude-o a se sentir bem-sucedido; com sorte, ele vai querer ter essa sensação com mais frequência.
- Tenha expectativas realistas sobre a capacidade de iniciativa dos Catatônicos. Isso não faz parte da personalidade deles, então é melhor deixá-los em posições que não exijam muito essa característica. Forneça diretrizes razoáveis para sua produtividade, mas tenha paciência.

11.

Limitação fatal nº 7: Rolo Compressor

(excessivamente dominante)

As pessoas dominantes tendem a liderar as tarefas. Isso não é problema, a menos que elas façam isso à custa das contribuições dos demais.

Eu estava prestando consultoria a um distrito escolar no Texas, a fim de ajudá-lo a melhorar os resultados dos alunos e o desempenho dos educadores. Foi assim que conheci Teresa, a superintendente. Mal nos acomodamos para iniciar a reunião, ela foi logo dizendo:

– Estou com pressa e não quero perder tempo com comentários supérfluos. Quem está com a pauta?

Fiquei quieto, observando com interesse.

– Eu sei o que quero e como chegar lá, então vamos pular o debate sobre a melhor maneira de implementar este programa – disparou ela.

Alguém da minha equipe alertou:

– É importante analisarmos as informações juntos. Eu gostaria de mostrar a vocês o trabalho que fizemos com outros distritos para atingir os mesmos objetivos que traçamos aqui. Temos muita experiência com escolas iguais a esta e podemos ajudá-los a economizar dinheiro e evitar dor de cabeça, fazendo apenas algumas mudanças.

– Isso tudo é muito bom e bonito, mas já sei o que quero. Podemos pular essa parte da conversa – replicou ela.

A reunião durou cerca de 20 minutos. Teresa cumpriu a pauta e fez perguntas objetivas à equipe. Eles mencionaram detalhes que a superintendente precisava examinar, mas ela logo os descartou, sem discuti-los. Só lhe interessavam os números finais e a pauta que ela mesma tinha determinado. Assim que concluiu seu objetivo, saiu.

Nós continuamos conversando sobre algumas das questões mencionadas. Era evidente que a equipe dela havia ficado constrangida. Finalmente, uma pessoa se voltou para mim e disse:

– Flip, desculpe pelo comportamento da Teresa. Ela está sob pressão e sua consultoria põe vários fatores em jogo.

Eu assenti, demonstrando ter compreendido. Muitas vezes, minha equipe é chamada em momentos críticos de transição.

Pressão, no entanto, não é desculpa para mau comportamento.

Os especialistas na implementação dos processos éramos nós, e sabíamos melhor do que ela como atingir os objetivos. Mas Teresa não tinha como saber disso se não parasse para nos escutar.

Fiz uma pergunta à equipe dela:

– Não faria sentido se vocês nos deixassem conduzi-los ao longo do processo, assim não perdem dinheiro e ninguém termina insatisfeito?

Para nossa surpresa, todos concordaram, então continuamos a discussão nesse tom. O tempo voou e todos ficamos felizes com a economia que faríamos e com os possíveis resultados.

Alguns dias depois, Teresa nos telefonou informando sobre seus planos e como deveríamos prosseguir. Perguntei se ela havia acompanhado o trabalho de sua equipe, e ela respondeu:

– Não, não tive tempo. Eu sei o que quero que eles façam, então vamos concordar que será desse jeito. – Não me surpreendi, mas fiquei desapontado.

Alguns meses depois, procurei um dos profissionais mais experientes da sua equipe e fui informado de que ele estava de licença médica. Telefonei para a casa dele a fim de desejar melhoras e saber se podia ajudar de alguma forma.

– O que você tem? – perguntei, sem querer me intrometer demais.

– Estou com úlceras supuradas e síndrome do intestino irritável. O médico me mandou passar duas semanas de repouso.

Novamente, não fiquei surpreso. A origem de grande parte do estresse que ele estava sofrendo era óbvia e bastante prejudicial.

Uns meses depois, voltei a me reunir com Teresa e sua equipe para examinar os dados sobre crescimento pessoal que havíamos coletado de cada integrante sênior. O objetivo era ajudá-los a melhorar seu desempenho profissional e pessoal. Todos estavam ansiosos para receber suas avaliações. Porém, assim que estas foram entregues, Teresa anunciou que tinha um compromisso e que voltaria depois. Todos começaram a examinar seus relatórios e a discutir com entusiasmo. A superintendente não voltou mais naquele dia.

Telefonei para ela uma semana depois e me ofereci para ir até seu escritório (a três horas de distância) para conversarmos sobre sua avaliação. Ela então disparou:

– Eu vou participar desse processo, mas não tenho tempo para crescimento pessoal. Estou pagando para vocês melhorarem *os outros*, e é isso que espero que aconteça.

Você lembra que eu já expliquei que nenhuma equipe consegue superar as limitações de seu líder? Poucos meses mais tarde, a maioria dos integrantes da equipe começou a procurar emprego. E um ano depois?

Lamentavelmente, Teresa "encerrou sua carreira" naquele cargo. Hoje é consultora educacional para outros distritos.

A pressão do Rolo Compressor

É duro conviver com pessoas excessivamente dominantes. Elas acham que têm a resposta e a palavra final para tudo. Pessoas com essas características discutem com todos e atropelam aqueles que não cedem do jeito que elas esperam. É muito difícil lidar com elas no casamento – só os mais fortes sobrevivem a essa experiência.

Talvez tenham razão 90% das vezes, mas estão 100% *erradas* na forma como lidam com os outros. E, para piorar, gostam de intimidar. Costumam perder parceiros e funcionários, pois não se importam com o que eles sentem.

A marca do bom líder é o domínio equilibrado. Ele tem que fazer as coisas acontecerem. Sei disso porque sou do tipo impulsivo. Além do mais, sei o que acontece quando o poder sobe à cabeça. Felizmente, convivi com muitas pessoas que me enfrentaram e disseram com todas as letras que eu estava errado – sobretudo por não dar ouvidos a ninguém e estar impaciente demais por seguir em frente. As pessoas que vivem no extremo superior da dominação são as que atropelam a vida com seu rolo compressor.

Rolo Compressor: carente de modéstia e perspectiva

Certa noite, minha mulher, Susan, e eu reunimos um pequeno grupo de amigos, entre eles a jornalista Paula Zahn e o então marido, Richard; Ray Cave (ex-editor-chefe da revista *Time*); Howard e Janet Katz (Howard fora presidente da ABC Sports); e Nando Parrado, cuja sofrida história de sobrevivência nos Andes gelados foi narrada no livro *Milagre nos Andes*. Não preciso dizer que Susan e eu éramos os menos renomados ali presentes, mas provavelmente os mais felizes por estar ali.

Nando, com seu jeito calmo, nos relatou sua versão pessoal do famoso acidente aéreo na cordilheira dos Andes, em 1972, que matou sua mãe e sua irmã, além de muitos jogadores do time de rúgbi em que ele jogava e suas famílias. Após ficar os primeiros três dias inconsciente, Nando despertou e descobriu que só ele e 15 amigos haviam sobrevivido à tragédia. Mas os aspectos mais terríveis ainda estavam por vir: após 72 dias enfrentando temperaturas negativas, fome e avalanches, sem mantimentos nem itens de primeiros socorros, o grupo concluiu que estava esperando um resgate que nunca chegaria. Sem fazer ideia de onde estavam, decidiram que Nando, então com 23 anos, lideraria uma expedição composta de três homens. Eles percorreram mais de 70 quilômetros pelas montanhas geladas até chegarem ao Chile e conseguirem ajuda. Seu relato dos obstáculos e de sua determinação para rever – ou morrer tentando – o pai é uma das histórias de sobrevivência mais dramáticas das últimas décadas.

Depois de ouvir sua história impressionante, fomos jantar. Refleti sobre aquele dia, marcado pelo forte contraste entre esse relato humilde de um acontecimento heroico e um encontro que eu e uma amiga tivemos antes com um empresário que não parou de falar sobre si próprio. Entretendo-nos com os detalhes sobre seus feitos, seus negócios e sua importância, o homem monopolizou a reunião. Como não demonstrou interesse por qualquer dos presentes, ele nunca soube que estava diante de pessoas cujas conquistas superavam as dele. Ainda assim, esperamos quietos enquanto ele se vangloriava de seus méritos sem permitir que os outros sequer comentassem. Foi uma tarde longa e cansativa.

Refleti sobre os contrastes que há entre as pessoas. A vida de Nando era um exemplo de comprometimento e excelência silenciosa, ao passo que a daquele empresário era um poço de arrogância e autobajulação. Não restam dúvidas quanto a qual deles sabia o que era a verdadeira liderança.

Você é um Rolo Compressor?

Entre os sintomas a seguir, marque os que você identificar em si mesmo e some quantos marcou.

- ☐ Muitas vezes, eu completo as frases de outras pessoas.
- ☐ Quando discordo dos demais, não vejo problema em interrompê-los para corrigi-los.
- ☐ Eu me sinto à vontade liderando um grupo grande e com frequência tomo a iniciativa.
- ☐ Por ser determinado, eu chego mais longe que os demais.
- ☐ Eu me sinto à vontade em discussões acaloradas.
- ☐ Quando outros estão falando, eu já estou pensando no que dizer e em como convencê-los a pensar da mesma forma que eu.
- ☐ Talvez eu seja insistente e até cabeça-dura, mas em geral estou certo.
- ☐ Se eu estou no comando, não gosto que as pessoas peguem no meu pé – cada um deve se ater ao seu papel.
- ☐ Dizem que sou teimoso, mas tenho apenas opiniões categóricas.
- ☐ Os mais fracos não deveriam estar em posições de gerência.

Você tem tendência a ser um Rolo Compressor?

Marque a seguir seu valor total.

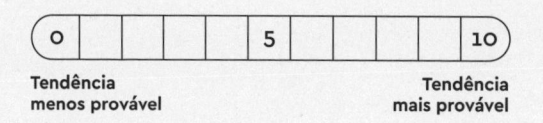

0				5				10

Tendência menos provável   Tendência mais provável

Sou um Rolo Compressor – Socorro!

Talvez você esteja pensando: qual é o problema em assumir o comando? Alguém precisa fazer isso, não? E se as pessoas gostarem de como sou e até do fato de eu ser mais dominante? Não posso simplesmente ser um ótimo líder? Se pedisse a opinião de todos, não seria uma perda de tempo? Por que preciso do consentimento de todos, se já sei qual é a melhor opção?

Você reparou o que todas essas perguntas têm em comum? Todas elas dizem respeito a você. Porém, ao lidar com essa limitação, a melhor lição que se deve aprender é: você não é o centro do universo.

O fato é que, em geral, as pessoas não avisam que você as está atropelando. Muitas vezes elas simplesmente esperam outra oportunidade e talvez nunca digam que ficaram magoadas. Eu apostaria que muitos dos que você considerou teimosos ou com os quais teve discussões acaloradas tinham esta mesma característica!

Tenhamos em mente que o objetivo não é se tornar passivo, mas manter as vantagens de ser determinado ao mesmo tempo que se reduz o dano. Em vez de ser o líder que produz seguidores, seja o que produz outros líderes!

Etapas de TrAção específicas

Aqui estão algumas ações que você pode adotar para começar hoje mesmo a ganhar TrAção. Após ler todos os capítulos referentes às limitações, se esta ficar caracterizada como uma das suas limitações fatais, etapas como estas farão parte do seu Plano de TrAção.

- Vou dar mais espaço para os outros interagirem em grupo. Se eu tiver uma opinião, vou esperar e ver se alguém expressa um ponto de vista semelhante. Em vez de explicar minha posição, vou me concentrar em perguntar aos mais reservados o que eles pensam e direi frases como "Pode falar. Eu insisto". Evitarei interrompê-los ou terminar suas frases. (Peça a alguém que o observe e critique seu comportamento em algumas interações.)
- Começarei a interagir mais nas conversas, perguntando coisas como "Estou respondendo à sua pergunta?" ou "Essa questão é importante para você? Fale mais sobre ela". Comunicação é

mais do que obter o apoio dos outros, então vou me identificar mais com aqueles com quem discuto.
- Vou me esforçar para entender aqueles à minha volta. Em vez de tentar assumir o controle, observarei mais. Procurarei saber o que os outros sentem sobre o que eu decidi, em vez de só levar em conta os fatos.
- Tentarei descobrir como os outros me veem. Ao fim de uma reunião, posso perguntar a alguém: "Fui um bom ouvinte e participei de maneira adequada?" Ou a algum colega de trabalho: "Você acha que às vezes sou controlador demais? Eu já interferi nas suas tarefas?" (Peça a alguém que responda a uma pergunta específica, como essas, uma vez por semana.)

Como lidar com um Rolo Compressor?

Para lidar de forma eficiente com alguém assim, é sempre importante mostrar que se admira a pessoa. Toda limitação, ainda que extrema, contém alguns aspectos positivos; portanto, dê opiniões positivas também. Alguns pontos favoráveis que podem ser enfatizados: o Rolo Compressor é decidido, determinado, confiante e preparado para ser líder.

- Faça perguntas sobre o que o Rolo Compressor pensa e sente. Diga frases como "Sua opinião é muito importante para mim – fale mais" para ajudar a reforçar que você valoriza o ponto de vista dele. Se estiver se sentindo pressionado ou atropelado, não se acanhe em dizer que ele não está dando atenção a você. Deixe claro que você quer ouvir a opinião dele, mas que, em troca, espera o mesmo.
- Ao interagir com um Rolo Compressor, quando for o caso, imponha limites claros. Por exemplo, antes de uma reunião você pode esclarecer: "Vamos passar uma hora juntos e es-

tes são os assuntos sobre os quais precisamos conversar..." Isso deixará claro que você está gerenciando a reunião e o ajudará a ser mais compreensivo se precisar tomar as rédeas da discussão.

12.

Limitação fatal nº 8: Tartaruga

(resistente a mudanças)

Duas mulheres e suas escolhas de vida

Conheço dois casais que fizeram escolhas diferentes para a vida. Um deles, Mike e Valerie Smith, criou três filhos inteligentes e com dotes artísticos. Minha esposa e eu nos aproximamos deles nos últimos anos, quando resolveram enfrentar novos desafios. Certo dia, Mike e Valerie decidiram abandonar suas carreiras consolidadas e se mudar para outro país com o objetivo de trabalhar em um programa de assistência humanitária.

Eles conversaram com o restante da família e, apesar das incertezas, decidiram encarar o desafio. Encaixotaram seus pertences e se mudaram para outro país, a 8 mil quilômetros de distância, com língua e costumes diferentes. Mantivemos contato com eles porque ficamos muito interessados no trabalho que iriam realizar e nas pessoas com quem iriam conviver.

Quando os visitamos pela primeira vez, reparamos que Valerie nunca saía de casa. Notamos também que ela não dirigia, então só podia ir a algum lugar se Mike a levasse de carro. Sua vida estava centrada em sua família, o que é ótimo, desde que isso não prejudique outras áreas que precisem de atenção. Quando esse assunto veio à tona, ficou claro que Valerie se sentia muito à vontade concentrando suas energias em casa.

O problema era que Mike não tinha como realizar seu trabalho comunitário de forma eficiente sem que ela fosse mais participativa. As tarefas dele requeriam que Valerie tivesse um papel mais ativo. Quando falávamos disso, percebia-se que ela oferecia resistência. Não é que Valerie não apoiasse a missão de Mike nem que não amasse aquelas pessoas ou não compreendesse que precisava se envolver mais com a comunidade. Na verdade, ela pretendia ter um trabalho como esse desde criança e já tinha estado com Mike em outros países.

Tudo isso tinha uma origem: uma limitação pessoal. Valerie não gostava de mudanças. A ideia de conhecer pessoas novas, hospedá-las em casa e conversar com elas em outra língua era mais do que podia tolerar. Era mais fácil ficar em casa e dedicar-se a aprimorar seus talentos de cozinheira. Mas isso não facilitava o trabalho de Mike, com o qual ela se comprometera antes de deixarem os Estados Unidos. A vida dele foi crescendo na nova comunidade, à medida que conhecia gente nova, enquanto a de Valerie continuava "restrita", em torno da cozinha e dos filhos.

Para nós, era claro que ela estava enfrentando dificuldades com a mudança e tinha medo de trocar as palavras na nova língua ou cometer alguma gafe cultural. Ela não era egoísta nem alienada – se preocupava genuinamente com as pessoas –, mas tinha medo de errar e preferia ficar em casa a se aventurar em territórios desconhecidos.

Sua personalidade de Tartaruga permeava várias áreas de sua vida. Valerie nem sequer tentou aprender a dirigir ou conhecer a região. Interagia com apenas algumas pessoas da comunidade. Não convidava ninguém à sua casa e raramente saía. Entretanto, ela precisava fazer tudo isso se quisesse participar da vida que haviam escolhido juntos.

Doug e Sandy: um casamento é feito de amadurecimento e mudanças

Nossos outros amigos se casaram quando estavam na faculdade. Doug queria ser professor e Sandy também, mas só até os filhos nascerem. Ela fora criada em uma família pequena e unida, e Doug morara em uma cidadezinha até entrar na faculdade. Tinham sido feitos um para o outro.

Quando conversavam sobre o futuro, ambos desejavam as mesmas coisas. Doug esperava ter um emprego que o realizasse e Sandy queria filhos. Ambos pretendiam desfrutar a vida juntos e construir algo significativo. Quando Doug se formou, começou a fazer entrevistas para vagas de professor, mas não encontrou nada próximo de onde moravam. Como precisava trabalhar, começou a procurar outras oportunidades que lhe permitissem sustentar a família. Um amigo lhe ofereceu uma vaga na área de vendas. Embora não tivesse experiência no ramo, precisava do emprego e o aceitou.

Após o primeiro ano, Doug descobriu que tinha talento para esse tipo de trabalho. Ele gostava de lidar com os clientes e obteve ótimos resultados. No ano seguinte também e, finalmente, conseguiu tirar férias de verdade. A vida estava melhorando. Sandy se preocupava um pouco por o marido passar tanto tempo no trabalho, mas estava ocupada com as crianças. Ele fazia o melhor que podia e falava com orgulho da mulher e dos filhos. Não havia dúvida de que se amavam muito.

O sucesso trouxe novas oportunidades para Doug e Sandy. Ele era o melhor vendedor de uma empresa de médio porte e seu futuro parecia brilhante. Logo lhe foi oferecida uma promoção. Após conversar muito com Sandy, aceitou a oferta. Ambos sabiam que o novo cargo implicaria mais trabalho e algumas viagens, mas acreditavam que conseguiriam se adaptar. Também teriam que se mudar. Sandy não gostava da ideia, mas sabia que uma cidade pequena oferece poucas oportunidades.

Com o passar dos anos, entretanto, as novas responsabilidades de Doug e as reações de Sandy começaram a conturbar a relação. Ela sentia dificuldades de se adaptar às mudanças. A rotina de trabalho de Doug não tinha hora para acabar – se tivesse, não o atrairia tanto assim. Em vários aspectos, ele a estava superando. O mundo de Doug estava se expandindo enquanto o de Sandy se estreitava. Ela estava envolvida com os filhos a ponto de não ter nenhuma outra atividade. Até a expressão de seu rosto revelava a insatisfação que sentia. Embora ganhassem mais dinheiro do que jamais tinham imaginado, ela não se sentia feliz.

Então, Doug recebeu um convite para mudar de empresa e assumir um cargo que exigiria viagens internacionais. Sandy não gostou nada daquilo. Para ela, cada nova oportunidade só significava que teria de enfrentar "mais mudanças e mais sacrifícios".

Certo dia, Doug finalmente perguntou à esposa:

– Você está feliz por mim e pelo que estou fazendo ou vai me culpar pelo resto da vida?

– Eu não me casei pensando que você ficaria viajando pelo mundo – retrucou ela. – Achei que estava me casando com um professor que não queria sair da cidade. Por que daquele jeito não estava bom?

Dava para imaginar o rumo que aquela conversa iria tomar. Sandy tinha de lidar com o mesmo problema que Valerie: mudanças. A vida não é o que esperamos que seja – ela é aquilo que se torna. Parte das mudanças reflete as escolhas que fazemos, mas outra parte da nossa vida não passa de uma aventura que permanentemente se desenrola, e precisamos optar por rejeitar ou por nos adaptar a ela à medida que se apresenta. Gostemos ou não, cada um é afetado e influenciado pelos outros e pelo que acontece com eles. Isso resume grande parte do que é o casamento.

A questão é: somos capazes de mudar para nos ajustar aos fatores que surgem na nossa vida? É claro que temos o direito de opinar sobre o que acontece no casamento ou em qualquer outro relacionamento, mas estamos abertos a novas oportunidades que não estavam no "plano" original?

Como Sandy se sentiria se Doug tivesse sido professor em uma cidade pequena (o que talvez fosse excelente), mas descobrisse que essa profissão o deixava profundamente infeliz? E se ele começasse a se sentir frustrado? Não importa que rumo a gente escolha, sempre haverá alternativas com prós e contras. Na minha opinião, o objetivo é ser capaz de responder às novidades que surgem com uma disposição favorável.

Os dois casais lidaram de forma diferente com cada situação. No exterior, Valerie fez uma escolha. Uma grande amiga lhe sugeriu pensar em tudo aquilo que *não* estava fazendo para ajudar no trabalho em que ela e Mike estavam envolvidos. Valerie foi capaz de "processar" as informações e refletir sobre elas; então, tomou uma decisão. Certa manhã, ela pediu:

– Mike, me ensine a dirigir, assim você não precisa me levar a todos os lugares.

Ela decidiu mudar, apesar de se sentir insegura. E ainda está mudando. Nós fomos visitá-los há pouco tempo e nos divertimos muito. Ela ainda é a melhor cozinheira que conhecemos, mas também aprendeu outra língua, assumiu um papel ativo na comunidade e está apresentando suas peças de arte em eventos locais. Além de ter sido uma linda transformação, vemos o orgulho nos olhos de Mike ao contar os feitos de sua mulher. Valerie está servindo como um excelente modelo a ser seguido pelos que a conhecem e seu entusiasmo pela vida é contagiante. Mike e Valerie formaram uma ótima equipe.

Sandy ainda enfrenta dificuldades, embora Doug tenha deixado claro que fará de tudo para ajudá-la a se sentir mais plena e realizada. Os filhos estão quase adultos e, recentemente, Sandy disse:

– Não vou abrir mão dos meus sentimentos. Isto não é o que eu queria e eu não tenho a obrigação de gostar.

Há verdade no que ela disse. Mas as pessoas amadurecem e mudam, e quando o outro não aceita esse fato ou não tenta lidar com as mudanças algo pode se romper.

O que Sandy poderia fazer para melhorar a situação? Talvez ajudar Doug a estabelecer limites para seus horários. Juntos, eles poderiam definir os itens e eventos "sagrados", dos quais nenhum dos dois pode abrir mão. Sandy também poderia acompanhá-lo em algumas viagens de negócios e, assim, passar mais tempo com ele. Além disso, ela precisaria construir uma vida que a fizesse feliz. Pode ser algo simples, como dedicar mais tempo aos amigos e realizar atividades significativas. A moral da história é que Sandy é responsável por seus atos, entre os quais o de tornar sua vida mais satisfatória. Grande parte desse esforço consiste em lidar com suas próprias atitudes e fazer mudanças que deem um rumo para sua vida, sobretudo quando os filhos começarem a sair de casa.

Saltando rumo ao sucesso

Se Dick Fosbury tivesse dado ouvidos a alguém – incluindo, por vezes, a si mesmo –, nunca estaria sob o sol quente da Cidade do México no dia 20 de outubro de 1968, encarando a barra de salto em altura a 2,24 metros do chão.

De todos os competidores daqueles Jogos Olímpicos, Fosbury era o menos atlético. Tinha físico mirrado, velocidade moderada e salto vertical modesto. Sua única vantagem era o jeito ímpar de saltar: um giro desajeitado de costas que, a cada tentativa, parecia prestes a lhe quebrar o pescoço. Os outros atletas passavam as pernas sobre a barra. O tipo de salto de Fosbury enfureceu os puristas do esporte e horrorizou as mães de atletas adolescentes em todo o mundo.

Quase todos aqueles ligados ao atletismo se ressentiam do sucesso de Fosbury, a quem viam como uma aberração cujo sucesso não passava de sorte. Todos os treinadores que o orientaram tentaram convencê-lo a abandonar essa técnica incomum. Mesmo após ele vencer um campeonato nacional estudantil, seu treinador no Oregon insistiu para que ele dominasse a técnica tradicional – e Fosbury concordou.

Nos treinos, porém, ele continuou fazendo experiências com o giro de costas. Quando estava na faculdade, o técnico decidiu filmar os fracassos de Fosbury na esperança de demonstrar por que seu método era inferior. Contudo, as imagens mostraram-no passando sobre a barra, colocada a 1,98 metro, "com folga de pelo menos 15 centímetros". Estava claro que não havia nada de errado com o giro. Por que o técnico não reconheceu antes a superioridade desse novo salto sobre a passada? Talvez porque suas próprias limitações o persuadissem de que isso não fazia sentido. Felizmente, ele acabou se convencendo. Assim, o fã-clube do novo salto passou a ter o dobro de integrantes: o atleta e seu técnico.

Então veio a estreia mundial do salto em giro. No dia 20 de outubro de 1968, com mais de 80 mil pessoas mudas de expectativa e um público mundial prendendo a respiração na frente da TV, Fosbury se balançou várias vezes para a frente e para trás antes de correr em direção à barra. Quando o público respirou, Dick Fosbury era não somente medalhista olímpico, como também o novo recordista mundial de salto em altura. O Salto Fosbury passou a fazer parte do vocabulário esportivo.

Com esse feito, as Tartarugas do salto finalmente admitiram que Fosbury estava certo e adotaram a técnica do giro de costas, certo?

Errado.

A convicção quase religiosa de que os "verdadeiros" atletas não saltavam de costas continuou enraizada na maioria dos técnicos e esportistas. Quando Fosbury começou a decair (ele nunca superou seu recorde olímpico e sequer conseguiu vaga na equipe americana em 1972), o mesmo aconteceu com seu salto. Treinadores e pais pediram que a técnica fosse banida por ser perigosa, como se a tradicional não oferecesse risco.

"Técnicos e atletas já tinham dedicado anos de treinos à técnica passada", Fosbury refletiu mais tarde. "Não tinham como mudar." Mas milhares de crianças "que não tinham técnicos lhes dizendo que não fizessem o mesmo que eu" testemunharam a vitória de Fosbury na televisão.

Em 1976, os três medalhistas de salto em altura nos Jogos Olímpicos de Montreal venceram com o Salto Fosbury. Em 1980, em Moscou, dos 16 finalistas, 13 optaram por essa técnica. E por que os outros três finalistas não se beneficiaram da inovação? As limitações – por exemplo, maior resistência a mudanças – demoram mais tempo para serem superadas em uns do que em outros.

Muitos de nós somos resistentes a mudanças. As Tartarugas não gostam de ajustar e repensar rotinas com as quais se sentem à vontade. O caso de Fosbury mostra claramente que manter a cabeça aberta para novos comportamentos e oportunidades pode nos levar a campos mais verdes – ou a alturas nunca alcançadas. Se continuarmos fazendo o que sempre fizemos, teremos os resultados que sempre tivemos.

Mudança: o visitante noturno

Lee Bason é um dos meus sócios no The Flippen Group e uma das pessoas mais resistentes a mudanças que conheço. Ele também é o melhor amigo que alguém pode ter e juntos construímos muitas coisas.

Mas ele sempre odiou mudanças.

Há vários anos, decidi me divertir um pouco à custa dessa sua limitação pessoal. Toda noite, antes de sair, Lee põe tudo exatamente no mesmo lugar. Seus pertences estão sempre impecáveis e em perfeita ordem.

Certa vez, quando todos já tinham saído, entrei na sala dele e virei sua caneta para o lado oposto ao que ele a havia deixado. Só fiz isso. Não mexi em mais nada.

No dia seguinte, assim que Lee chegou para trabalhar, ele entrou no meu escritório e perguntou:

– Alguém usou minha sala ontem à noite?

– Acho que não. Eu fui o último a sair. Algum problema? – perguntei.

– Não, era só curiosidade. – Ele hesitou, mas depois se virou e saiu.

Naquela noite, fui à mesa dele e movi o grampeador alguns centímetros para a esquerda. No dia seguinte, lá estava Lee de volta em minha sala.

– Flip, alguém está usando minha sala à noite.

– Lee, por que alguém entraria aqui e arrombaria a porta só para se sentar à sua mesa? Relaxe! – respondi.

Continuei mexendo em alguns de seus pertences durante vários dias, até que fui um pouco mais além. Ele estava claramente frustrado, pois não entendia o que estava acontecendo. Aquela noite, virei seu telefone para o outro lado e apoiei o fone do lado "errado". Essa mudança sutil passou dos limites. Lee ficou furioso e, quando veio me contar o que tinha acontecido, não consegui mais guardar segredo. Todos os presentes acharam graça de ver quanto ele era obsessivo.

Se ele precisasse mudar algo em sua agenda, ficava frustrado. Se o voo atrasasse, seu dia ia por água abaixo. Se alguém não fosse rigorosamente pontual, Lee se incomodava. Tudo tinha que ser perfeito e, se não fosse, ele reagia mal.

Qualquer tipo de mudança era um problema para Lee. Mas a vida é assim mesmo, não é? As coisas mudam. Os negócios mudam, os horários mudam, os objetivos mudam, o mundo muda. E nós precisamos ser capazes de nos adaptar. No entanto, as Tartarugas preferem nem pensar em mudanças.

Lee sabia disso tanto quanto nós. Éramos mestres em transformações e dávamos consultoria a instituições em fase de mudança. Então ele foi percebendo que aceitar as mudanças facilitaria a vida dele, além de lhe permitir ser um modelo melhor para os demais.

Isso significou lidar com comportamentos específicos, como rejeitar sugestões ou pedidos para fazer alterações em programas, cronogramas, rotinas e processos.

No ano seguinte, teve um desenvolvimento surpreendente. E, nos 15 anos que se seguiram, ele progrediu mais do que qualquer pessoa que já conheci. Esse é um dos motivos pelos quais ele é um dos meus principais sócios.

As pessoas são resistentes a mudanças por várias razões, entre as quais receio do desconhecido, medo do fracasso, interesses velados em manter a situação atual e ansiedade relacionada ao aprendizado e a experiências novas.

Sigo uma filosofia empresarial que também rege minha vida pessoal: "Qualquer que seja seu paradigma de trabalho hoje, *ele não vai funcionar no futuro.*" Você pode não gostar, mas isso não muda a realidade. A mudança é um fato inescapável. A vida segue em frente e, se você não a acompanhar, vai ser ultrapassado por quem consegue se adaptar às transformações da nossa cultura.

E por que eu chamo as pessoas que não lidam bem com mudanças de *Tartarugas*? As tartarugas querem atravessar a rua, mas se amedrontam. Algo passa por elas depressa e elas enfiam a cabeça no casco para se proteger. Você já sabe como isso vai terminar. A lição é: *se você quer chegar do outro lado da rua, estique o pescoço e vá em frente.*

Você é uma Tartaruga?

Entre os sintomas a seguir, marque os que identificar em si mesmo e some quantos marcou.

- ☐ Mudanças e incertezas me deixam nervoso.
- ☐ Eu me lembro de ocasiões em que resisti a alguma mudança que, depois, concluí ser uma alternativa melhor.

- ☐ O caminho mais seguro é aquele testado e aprovado. Por que correr riscos desnecessários?
- ☐ Cada objeto tem seu lugar e não gosto quando se descuidam deles.
- ☐ Quando encontro algo que me agrada, costumo adotá-lo como hábito.
- ☐ Quando devo tomar outro rumo, preciso de tempo para me acostumar.
- ☐ Quando me apresentam ideias novas, minha primeira reação é pensar nos motivos pelos quais elas não vão dar certo.
- ☐ Às vezes sou visto como teimoso, pois reluto em mergulhar de cabeça nos novos planos traçados por outras pessoas.
- ☐ Gosto muito de ter uma rotina estável.
- ☐ Gosto de planejar meus dias, meus projetos e até minhas férias, e não gosto que depois as pessoas os modifiquem.

Você tem tendência a ser Tartaruga?

Marque a seguir seu valor total.

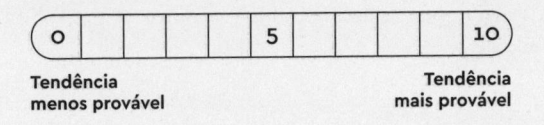

0				5				10

Tendência menos provável — Tendência mais provável

Sou uma Tartaruga – Socorro!

Para ilustrar essa discussão, apresento uma experiência real. Ponha uma escada no meio de uma sala e coloque algumas bananas no topo dela. Solte quatro macacos lá dentro. Quando um começar a subir os degraus para alcançar as bananas, jogue um jato d'água em todos os outros.

Da próxima vez que um macaco tentar subir a escada, os outros vão impedi-lo e, com o tempo, nenhum deles voltará a tentar alcançar as bananas. Então, retire um dos macacos e introduza outro na sala. Em algum momento ele tentará subir, mas os outros o impedirão.

Agora, substitua outro macaco. Este também tentará alcançar as bananas e os demais irão impedi-lo – até o macaco que nunca recebeu o jato d'água vai ajudar a segurar o animal destemido! O mais interessante é que, mesmo após substituir o último macaco e nenhum deles ter sido atingido com o jato d'água, eles não irão se aproximar da escada, porque aprenderam a se comportar assim. É triste constatar que esses animais são prisioneiros de suas percepções.

Não estou chamando você de macaco, mas acho que a lição está clara. As bananas estão à sua espera, então vá buscá-las!

Etapas de TrAção específicas

Aqui estão algumas ações que você pode adotar para começar hoje mesmo a ganhar TrAção. Após ler todos os capítulos referentes às limitações, se esta ficar caracterizada como uma das suas limitações fatais, etapas como estas farão parte do seu Plano de TrAção:

- Vou começar a aceitar ideias novas. Mesmo se eu me sentir um pouco resistente, minha primeira reação será entusiasmada. Direi, por exemplo: "Nossa, o que mais gosto na sua proposta é que..." Isso ajudará a demonstrar que estou de fato considerando o novo rumo. Também vou fazer mais afirmações como: "Sei que às vezes pareço resistir a mudanças, mas não é isso que quero agora. Minha única preocupação é que..." Se eu ainda me sentir reticente, talvez uma pergunta deste tipo ajude: "Posso pensar um pouco nisso ou precisamos tomar uma decisão agora?"
- Passarei a me dedicar a atividades diferentes e dizer "vamos experimentar" com mais frequência. Prefiro opções mais estáveis, testadas e aprovadas, mas talvez eu esteja perdendo uma

opção melhor. (Pense em um hábito específico e, então, tente fazer algo bastante diferente. Peça a alguém de sua confiança que o ajude a elaborar uma ideia divertida para explorar.)
- Vou ser mais propenso a adotar abordagens diferentes juntamente com aqueles que pensam de forma muito distinta de mim. Em geral, não gosto de explorar ideias pouco convencionais, mas algumas delas podem ser extremamente benéficas. Portanto, tentarei adotar as mais criativas em conjunto com as pessoas que costumam apresentá-las.

Como lidar com uma Tartaruga?

Para lidar de forma eficiente com alguém assim, é sempre importante mostrar que se admira a pessoa. Toda limitação, ainda que extrema, contém alguns aspectos positivos; portanto, dê opiniões positivas também. Alguns pontos favoráveis que podem ser enfatizados: a Tartaruga valoriza a continuidade e preza a estabilidade.

- Compreenda que a Tartaruga tem necessidade de estabilidade, então, se quiser que ela siga um novo rumo, inicie a conversa dizendo: "Não precisamos tomar uma decisão agora, mas quero lançar uma ideia para você pensar a respeito." Mesmo que sejam umas poucas horas refletindo sobre uma possível reviravolta, ela ficará mais receptiva.
- Se você estiver interagindo com uma Tartaruga que mostre resistência a algo novo, prosseguir discutindo às vezes pode piorar a situação, então considere esperar e retomar a conversa em outro momento. Em geral, as Tartarugas precisam de mais tempo para processar as informações.

13.

Limitação fatal nº 9: Vulcão
(agressivo, raivoso)

Mike Tyson provavelmente já foi submetido a mais testes psicológicos do que qualquer outro atleta de nível mundial. E o que me deixa mais curioso é: o que seus estudiosos esperavam descobrir? A fonte da sua agressividade? O porquê de ele ter dito a um entrevistador que seu impulso básico era o desejo de afundar o nariz do adversário? A razão de Tyson ter declarado "Eu sou um animal no ringue" após ter arrancado um pedaço da orelha de Evander Holyfield?

No caso de um pugilista, a agressividade, por si só, não é uma limitação. É a combinação de deficiências que Mike possui, sobretudo sua total falta de autocontrole, que o torna um perigo para a sociedade e para si próprio.

As limitações de Tyson se originaram na infância e foram reforçadas durante sua criação. De fato, um exame detalhado da infância do boxeador nos permite compreender melhor seu comportamento selvagem – e muitas vezes inusitado.

Aos 9 anos, ele já era incorrigível. Os pais tiveram pouca influência em sua vida e ele se virava fazendo furtos. O pai desapareceu quando Mike tinha 2 anos e a mãe morreu sete anos depois. Com isso, os modelos masculinos que o influenciaram foram traficantes, ladrões e golpistas.

Bem jovem, Mike entrou para uma gangue de rua, cujos integrantes mais velhos passaram a chamá-lo de "Fadinha" por causa de sua voz aguda e estridente. Ele batalhou muito e ganhou no gueto a reputação de ter pavio curto. Após perder os incisivos superiores em uma luta, conquistou respeito e um par de dentes de ouro. Quando Mike, ainda aluno da quarta série, não estava se defendendo, estava agredindo mulheres indefesas. Seu golpe favorito consistia em oferecer ajuda a senhoras mais velhas para depois estapeá-las e fugir com suas carteiras.

Aos 12 anos, foi algemado e mandado à Escola Tyron, um centro de detenção juvenil no estado de Nova York. A compleição do jovem lembrava rebocadores de barcos: 1,72 metro, 95 quilos. Na quinta série foi reprovado em um teste aplicado aos estudantes da segunda série; além disso, seu jeito fechado e a dificuldade com as palavras levaram os demais a pensar que ele tinha retardo mental. Afastado da única casa que conhecera e preso em um ambiente austero para delinquentes juvenis, Mike se defendia com as únicas armas com as quais podia contar: os próprios punhos.

Bobby Stewart, um dos assistentes sociais da Escola Tyron, coordenava o programa de boxe do colégio. Ex-campeão de boxe amador, ele sabia reconhecer lutadores com potencial, e o garoto do bairro de Brownsville, no Brooklyn, não demonstrava medo ao entrar no ringue nem durante as brigas do recreio. Stewart também reconheceu que as chances de Tyson se tornar um membro produtivo da sociedade seriam remotas, a julgar por seu histórico, sua agressividade e falta de educação.

Stewart telefonou para Cus D'Amato, técnico lendário que treinava jovens pugilistas em sua academia nas montanhas de Catskill, e contou a ele sobre um jovem que derrotara todos os oponentes no centro de detenção. Após assistir a apenas uma sessão, D'Amato viu em Mike Tyson o futuro campeão mundial de pesos pesados. Ele tinha apenas 13 anos.

As autoridades estaduais não ofereceram resistência quando o treinador se ofereceu para tirar Tyson de sua jurisdição. Mike foi morar na casa de D'Amato e, pela primeira vez na vida, tinha alguém disposto a dar um rumo à sua vida.

"Eu sou um criador", D'Amato declarou em uma entrevista. "Eu descubro alguém com potencial, produzo uma faísca e a sopro. Quando a faísca começa a acender, eu a alimento até produzir chamas. Quando há chamas, eu as alimento até conseguir fogo intenso. Quando há fogo intenso, eu jogo nele toras bem grandes. Aí, sim, temos uma bela fogueira."

Talvez a metáfora fosse mais apropriada se envolvesse um vulcão.

Mike Tyson ascendeu às ligas do boxe profissional, conquistando seu primeiro cinturão como campeão dos pesos pesados aos 20 anos, após nocautear o jamaicano naturalizado canadense Trevor Berbick. Mas as pesquisas mostram que, do ponto de vista emocional, no início da carreira Mike ainda era uma criança. Há relatos de que ele chorava antes de grandes combates e que demorava mais tempo lutando contra o próprio nervosismo do que contra os adversários, embora quase todos tenham acabado nocauteados no ringue antes do fim do primeiro round. Mike tomou de assalto o mundo do boxe, defendendo seu título de campeão dos pesos pesados 10 vezes até a derrota inexplicável para o também americano Buster Douglas, em 1991.

Fúria fora do ringue

Após a derrota, a vida do boxeador rapidamente saiu de controle. Foi quando comecei a me interessar por ele e por sua história. Não sou muito fã de boxe, mas quando Tyson foi preso sob a acusação de estuprar Desiree Washington, Miss Negra Estados Unidos, em 1991, passei a acompanhá-lo de perto. Tendo trabalhado boa parte da minha vida com jovens problemáticos, não estranhei que um rapaz que nunca fora amado não tivesse ideia de como expressar suas emoções, exceto por meio da raiva e da força.

Interessei-me pelas limitações pessoais que estavam afetando sua vida. É claro que certa dose de agressividade é imprescindível para se ter sucesso em alguns esportes, sobretudo o boxe, mas alguém que briga durante a pesagem, na manhã da luta, ou agride o adversário durante uma entrevista coletiva obviamente está passando dos limites. Espera-se que as pessoas saibam se conter e seguir regras tradicionais de convivência e decoro, assim como se espera que os pugilistas não comecem a trocar socos antes de o gongo soar.

Há outro fator que não podemos esquecer, pois ele afeta a vida de muita gente que atinge certo nível de sucesso financeiro. Desde meados dos anos 1980, Tyson ganhara a incrível soma de US$ 112 milhões; entretanto, segundo registros legais, gastou US$ 115 milhões. Basta ver quanto dinheiro desembolsou com carros, o principal alvo de seu consumismo. Ele gastou US$ 4,4 milhões em automóveis e motocicletas em poucos anos – Tyson insistiu que havia sido um investimento necessário, visto que carros de luxo o tornavam mais atraente aos olhos de belas mulheres.

Hoje Mike precisa de dinheiro, de modo que provavelmente continuará fazendo a única coisa que sabe fazer bem: derrotar oponentes no ringue. É claro que, nestes tempos de *reality shows* e notícias sobre os casamentos de celebridades esportivas, sabe-se lá como será sua próxima luta.

Não consigo deixar de achar essa história muito triste. Eis um jovem dotado de extraordinária capacidade atlética cuja vida foi totalmente destruída. Nasceu em um ambiente desestruturado e, com exceção de talvez dois relacionamentos que teve na vida, sempre esteve só. Para sobreviver, Tyson precisa ser lutador no sentido literal e no figurado.

É de esperar que ele seja raivoso. Alguém se espanta de constatar que uma criança que enfrentou esse tipo de vida tenha buscado refúgio na violência? Infelizmente, Tyson não é o único. Já vi isso acontecer com outras pessoas magoadas e solitárias com essas mesmas limitações.

Os Vulcões são assim mesmo: voláteis. Explodem sem dar muitos sinais de alerta. No verão passado, estive na base do monte Vesúvio, nos arredores de Roma. O Vesúvio entrou em erupção no ano de 79 d.C., destruindo Pompeia e matando todos os seus habitantes. Mas ele tinha dado alguns avisos. A cidade fora atingida por abalos sísmicos havia poucos dias e, em 62 d.C., 17 anos antes, uma série de terremotos atingira toda a região. Então chegou o dia em que tudo veio abaixo.

Em muitos casos, os indivíduos agem assim. No início são tremores. Eles têm ataques de fúria por causa de algo e fervem por dentro. Até que um dia há uma grande explosão que afeta várias pessoas.

Vítimas da fúria incontrolável

Katie tinha pouco mais de 40 anos quando se casou com Antonio, sete anos mais jovem, além de alto, moreno e bonito. Após tanto tempo solteira, ela ficou entusiasmada com a ideia de enfrentar as reviravoltas inesperadas da vida ao lado de seu amigo e parceiro.

Depois de um namoro avassalador, Katie e Antonio se casaram e resolveram realizar seus sonhos juntos. Ela sabia que aquilo não seria um conto de fadas – Antonio já fora casado e descrevera a união de cinco anos como uma tumultuada sucessão de brigas e separações que o levaram a sair de casa várias vezes antes do rompimento definitivo. Katie pensara bem no assunto e decidira que ele valia a aposta.

Katie crescera em uma família marcada pelo abandono e pelo abuso físico e passara anos tentando superar sua falta de confiança nos homens. Jamais imaginaria que, aos 43 anos, se veria enfrentando os mesmos medos que tivera aos 10. Mas foi exatamente isso que aconteceu.

A diferença é que esse Vulcão entrava em erupção quando ela menos esperava. O pai dela, ao contrário de Antonio, dava muitos avisos, gritando e batendo portas durante seus ataques de fúria. Às vezes dava tempo de a menina se esconder até que o ataque passasse.

O Vulcão Antonio, porém, era diferente. Após a primeira erupção, ainda no primeiro ano de casamento, Katie percebeu que a limitação dele era tão perigosa para os que estavam à sua volta quanto para ele próprio.

Entrando em ebulição

Antonio e Katie viajavam frequentemente a trabalho. Em certa ocasião, foram para a mesma cidade e compraram as passagens de volta no mesmo voo. As poltronas não ficavam juntas, então Antonio decidiu tentar trocar o assento de sua mulher com outro passageiro para que ela se sentasse ao seu lado. A poltrona dele ficava num local confortável, na primeira fila e no corredor, mas o lugar de Katie era lá no fundo do avião. Katie sugeriu a Antonio que oferecesse a poltrona dele, de modo que a troca favorecesse quem fosse gentil de ceder o lugar.

Antonio não gostou da ideia e insistiu em manter o lugar dele. Enquanto isso, o avião foi enchendo e o passageiro que tinha reservado a poltrona na frente chegou. Antonio lhe perguntou:

– Você se importaria de mudar de lugar com a minha mulher para viajarmos juntos?

O homem hesitou, mas acabou concordando. Pegou o bilhete, percorreu o corredor e então percebeu, tarde demais, que havia feito um mau negócio. Sem jeito, ele balançou a cabeça e foi para o fundo do avião. Constrangida, Katie insistiu para que o marido cedesse o lugar dele e se sentasse com ela no fundo.

Antonio começou a falar alto, declarando que o homem estava satisfeito com a troca. Levantou-se e caminhou até o meio do corredor, gritando para ele:

– Minha mulher acha que você não gostou da troca, é isso mesmo?

– Bom – respondeu ele –, na verdade, eu preferiria me sentar no corredor, mas não tem problema, deixa pra lá.

Antonio voltou-se para Katie:

– Está vendo? Ele disse que não tem problema! – Continuou gritando e todos à sua volta já estavam ficando irritados com o barulho e a agitação. Katie se afundou na poltrona, torcendo para que não tivessem que sair do avião. Antonio parou com a gritaria e ficou em silêncio durante toda a viagem, e nem no carro, a caminho de casa, deu sequer uma palavra.

Ao chegarem, relembraram o incidente e, após uma hora de discussão, pediram desculpas um ao outro. Antonio abraçou a esposa, tentando se redimir. Ela o abraçou e não disse mais nada, aliviada por terem encerrado o assunto.

Embora os ataques de agressividade de Antonio sejam restritos a Katie e a assuntos domésticos, ela me contou que um dos últimos episódios foi durante um jantar oferecido pela companhia em que ele trabalha. Antonio não percebeu que o presidente da empresa estava logo atrás quando disse várias grosserias a Katie por causa de um pequeno incidente. O presidente nada falou, mas, a cada indiscrição, a situação só piora para Antonio. Se ele não mudar sua maneira de agir, é só questão de tempo até que alguma erupção enterre para sempre todos os seus planos e sonhos.

Mesmo que as diferenças físicas tornem as tendências vulcânicas mais perigosas nos homens, essa limitação é igualmente devastadora nos relacionamentos quando presente na mulher. Até as pequenas frustrações diárias, se entrarem em ebulição e não forem analisadas e resolvidas de forma saudável, podem se tornar grandes problemas e gerar uma atmosfera de tensão que não faz bem a ninguém.

Lembre-se de que não se trata do gênero, mas da limitação pessoal. E repare que pouca gente escolhe viver em áreas próximas de vulcões.

Você é um Vulcão?

Entre os sintomas a seguir, marque os que você identificar em si mesmo e some quantos marcou.

- ☐ Quando estou tenso e sob pressão, minha frustração fica evidente.
- ☐ Vigor e força são elementos eficazes na hora de lidar com as pessoas.
- ☐ Eu tenho muita determinação para vencer e nunca jogo para perder.
- ☐ Se me provocarem demais, fico furioso.
- ☐ Tenho dificuldade em dizer "desculpe" e definitivamente não gosto de ser obrigado a falar.
- ☐ Eu digo o que penso de forma aberta e direta. O que as pessoas acham disso é problema delas.
- ☐ Se alguém me provocar, é claro que vou reagir.
- ☐ Quando me vejo numa situação de competição, eu a levo a sério.
- ☐ Se você não consegue fazer a sua parte, é melhor sair do time.
- ☐ Há certas coisas que eu não aceito ouvir.

Você tem tendência a ser um Vulcão?

Marque a seguir seu valor total.

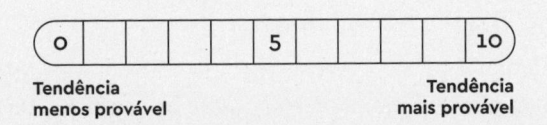

0				5				10

Tendência menos provável — Tendência mais provável

Sou um Vulcão – Socorro!

Qual é o problema de ser competitivo às vezes? Ou mesmo agressivo de vez em quando? Nenhum, desde que isto seja uma escolha consciente. Se você se desentende com alguém e, quando percebe, está se exaltando, provavelmente não está optando por ser um participante um pouco mais competitivo.

Eu sou competitivo desde que me conheço por gente. Mas então por que estou escrevendo essas recomendações? Tudo depende do objetivo. Se o meu era deixar de ser competitivo, com certeza eu não consegui alcançá-lo. Porém, meu objetivo era simplesmente buscar mais alternativas em que ambos os lados saíssem ganhando.

Uma antiga parábola ilustra muito bem essa questão.

Um velho cherokee está sentado, refletindo sobre a vida, quando seu neto vai se sentar ao lado dele. A criança está triste por ter perdido um jogo e, com um leve sorriso, o avô lhe diz:

– Neste exato momento há uma luta sendo travada dentro de nós. É uma briga entre dois lobos. Um deles representa a raiva, o ressentimento, a superioridade, o egoísmo e o desejo de vencer a qualquer custo. O outro representa a compaixão, a modéstia, o respeito, a generosidade e a empatia.

A criança pensou um pouco e então perguntou:

– Vovô, qual dos lobos vai ganhar?

– Aquele que você alimentar – respondeu o velho índio.

Vale lembrar – e isso serve para mim também – que querer ganhar é bom, mas precisamos manter os dois lobos saciados. Caso contrário, você ganhará, mas não haverá ninguém com quem competir.

Etapas de TrAção específicas

Aqui estão algumas ações que você pode adotar para começar hoje mesmo a ganhar TrAção. Após ler todos os capítulos referentes às limitações, se esta ficar caracterizada como uma das suas limitações fatais, etapas como estas farão parte do seu Plano de TrAção:

- Vou deixar de usar as seguintes expressões que visam derrotar meu interlocutor em discussões: "Só que..." "Porém..." "Como eu já disse..." e "Não, o que você disse foi...". Em vez disso, responderei de forma que ambos saiam ganhando, como "Entendo o seu argumento, mas como resolvemos a questão?" e "Eu também não me lembro com muita clareza, então quero ter certeza de que entendi bem o ponto de vista de todos".

- Não permitirei que as discussões fiquem tensas, entendendo que, se eu assumo uma postura defensiva, a culpa é minha, não do outro. Se a única maneira de me fazer entender é subindo o tom de voz, é óbvio que não estou me comunicando direito. Quando discordar de alguém, vou fazer uma pausa de pelo menos alguns segundos antes de responder.
- Vou parar de tentar ter a última palavra em uma desavença, dispondo-me a ser aquele que diz apenas "Acho que você tem razão" ou "De fato, eu estava errado..." ou "Sinto muito". Para mim, ganhar significa que alguém deve perder, mas essa não é a melhor forma de encerrar uma discussão.
- Ao dirigir, não vou mais ficar irritado com os outros motoristas, pois isso é cansativo e chateia os passageiros que estão no carro comigo. Durante um dia, vou dirigir abaixo do limite de velocidade e permitir que me ultrapassem, assim posso ter uma noção do que outros passageiros e motoristas pensam de mim.

Como lidar com um Vulcão?

Para lidar de forma eficiente com alguém assim, é importante mostrar que se admira a pessoa. Toda limitação, ainda que extrema, contém alguns aspectos positivos; portanto, dê opiniões positivas também. Alguns pontos favoráveis que podem ser enfatizados: o Vulcão é competitivo e luta por suas opiniões.

- Ao interagir com um Vulcão, tenha cuidado especial ao usar "palavras-gatilho" que costumam deixá-lo agitado. Observe mudanças na linguagem corporal ou no tom de voz e peça desculpas por expressões ou termos que não sejam bem interpretados.

- Se você sentir que o Vulcão está ficando bravo, busque maneiras de amenizar a discussão. Esforce-se para manter a compostura e ajudá-lo a ficar calmo. Evite fazer afirmações que o deixem "encurralado", pois situações desse tipo podem fazê-lo perder o controle.

14.

Limitação fatal nº 10: Rápido no Gatilho
(pouco autocontrole, impulsivo)

Embora Arnie tenha disciplina para trabalhar horas seguidas em um projeto, se um negócio demora muito ele fica entediado. E, quando fica entediado, começa a procurar uma nova oportunidade, pois, na cabeça dele, o *próximo* negócio sem dúvida será o melhor de todos. Contudo, isso nunca acontece. Arnie juntou dinheiro ao longo dos anos, mas quando o conheci ele me disse que estava investindo na "melhor ideia" que tivera na vida – quem investisse nela com certeza seria bem-sucedido. Porém, examinando seu histórico, isso parecia muito improvável.

Arnie já construiu edifícios, desenvolveu áreas residenciais, vendeu direitos para engarrafar água mineral, trabalhou em pirâmide de vendas e teve uma administradora, mas nunca ficou em um empreendimento tempo suficiente para fazê-lo emplacar. Se não mudar seu comportamento, vai passar o resto da vida em busca do pote de ouro no fim do arco-íris. Suas limitações fatais são falta de autocontrole e necessidade de mudança. Nos dois casos, ele é um perigo com o dinheiro de terceiros nas mãos. E está sempre mudando de um negócio para outro.

Mas o que ele pode fazer para resolver essas limitações pessoais?

Em primeiro lugar, precisa identificá-las por meio do que chamamos de autoavaliação. Arnie passou anos alheio a esse problema. Quando eu o orientei ao longo do processo, ele começou a perceber os efeitos dessas limitações em seu sucesso.

– O que prejudica você é a sua forma impulsiva de tomar decisões – expliquei. – Você não se dedica muito tempo a nada.

Já haviam dito isso a ele antes e Arnie precisou ver provas concretas para perceber de fato o problema. Sabia que muitas vezes fora bem-sucedido, mas logo ficava entediado e passava a se dedicar a outro negócio. Ele precisava arrancar o mal pela raiz, lidando com seu comportamento instável. Finalmente, ele fez a pergunta que eu sempre torço para ouvir:

– Então, o que preciso fazer?

Compromisso com o processo

Sugeri que ele fizesse um plano de comprometimento, por meio do qual prestaria contas a alguém que o repreenderia se ele tentasse abandonar o projeto em que estava envolvido.

– Talvez o gerente do seu banco possa participar – sugeri.

Arnie aceitou o conselho com relutância. Após muita discussão, até com a esposa (que afirmou saber que ele sempre tivera esse problema), Arnie concordou com as "condições". Combinou com seu gerente que permaneceria em dado projeto durante toda a sua duração e que não embarcaria em um novo empreendimento até pelo menos seis meses *após* o fim do projeto em questão. Como você pode imaginar, Arnie quase enlouqueceu. Ele era um genuíno Rápido no Gatilho e não gostava de ter o gerente do banco e a esposa pegando no seu pé.

Ao menos em teoria, passaríamos a ter controle sobre sua impulsividade excessiva, pois Arnie permaneceria em uma atividade enquanto esta durasse. Havíamos contornado o problema e obtido certo comprometimento da parte dele. O passo seguinte seria o que eu chamo de tomar as rédeas. Arnie se lançou em seu projeto e tudo correu bem, embora às vezes sua vontade tenha sido de largá-lo quando estava chegando ao fim. Mas aguentou firme. Aliás, quando a tentação era forte demais, ele me ligava e conversávamos sobre seus objetivos, o que o ajudava a reforçar suas prioridades.

A chave para ter sucesso sobre essa limitação é manter o objetivo sempre em mente e pensar no seu rumo a longo prazo. Arnie vivia planejando e mudando de ideia. Depois que eliminou esse problema, tornou-se extremamente bem-sucedido e está curtindo a vida mais do que nunca.

Recentemente, ele me confessou que sente falta da emoção de trocar de atividade, mas que a mudança valeu a pena, pois se sente realizado e está cuidando bem da família sem as tensões e pressões que enfrentava antes. A mulher de Arnie sem dúvida prefere a sensação de estabilidade, que melhorou o relacionamento deles.

Fico pensando em quanta gente já teve uma ótima oportunidade e a desperdiçou apenas por não levá-la até o fim. O pouco autocontrole impediu que realizasse algo que teria mudado sua vida e a dos demais.

Há vários tipos de Rápidos no Gatilho

A maioria de nós não tem "segundas chances" na vida. Eu adoro o filme *Feitiço do tempo*, com Bill Murray. Toda manhã – até conseguir acertar – Bill tem a chance de viver o mesmo dia mais uma vez. Ah, se eu tivesse uma oportunidade dessas! Lembro-me de um dia, quando jogava na liga infantil de beisebol, em que eu seria lançador em um jogo importante. Só que meus pais me colocaram de castigo. Naquela época, aos 12 anos, o beisebol era a minha vida. E o que esse castigo tinha a ver com a minha vida ou o meu futuro? Simples: eu tinha uma limitação: não gostava de fazer o dever de casa. Não estudava, porque o beisebol era importante demais e "exigia" muito de mim. Na verdade, minha atenção estava focada em várias questões, mas a lição de casa não era uma delas, porque eu tinha dificuldades na escola. Então, eu adiava o dever e me dedicava às atividades que eram mais importantes para mim, (e nas quais eu me saía melhor), como o beisebol.

De fato, a lição de casa era apenas um sintoma. O verdadeiro problema era minha natureza dispersa e minha falta de disciplina. Não conseguia ordenar a mim mesmo: "Faça o dever." Os castigos não surtiam efeito e nem mesmo as reprovações.

Consegui entrar para a faculdade, obtive diplomas para trabalhar como psicoterapeuta e hoje sou dono de uma empresa bem-sucedida, mas não fazer o dever de casa teve um profundo impacto na minha vida: não me permitiu tirar boas notas, o que impediu que eu fosse titular do time de beisebol no ensino médio e na faculdade. Minha falta de disciplina também afetou minhas notas na faculdade e, se não fosse por alguns professores excelentes, eu não teria feito pós-graduação. Mesmo tendo alcançado certo sucesso, sei que teria ido mais longe se houvesse compreendido mais cedo o efeito marcante das minhas limitações.

Só depois dos 20 anos decidi encarar minha falta de autocontrole. Eu me dedicava muito ao que me interessava, mas vivia adiando as tarefas de que não gostava. Até hoje preciso me lembrar de ter autocontrole e talvez faça isso até o fim da vida. Às vezes sou impulsivo demais e tenho tendência a querer logo mudar algo, mesmo que esteja dando certo, simplesmente porque não paro e penso no impacto que minhas ações terão no restante da empresa. Essa limitação também influencia o processo decisório e a forma como encaramos as finanças.

Rápido no Gatilho e na carteira

O dia no consultório já estava chegando ao fim e eu havia atendido muitos pacientes. Minha última cliente ainda não havia se consultado e eu não sabia quase nada sobre seu problema. Angie Roberts estava na casa dos 20 anos, era atraente e chique. Era impossível não reparar em sua elegância e bom gosto. Ela estava impecável ao entrar na minha sala.

Começamos a sessão como de praxe, examinando os formulários que ela preenchera e conversando sobre sua família e seu emprego novo. Angie era solteira, e essa era uma das questões que ela gostaria de abordar em nossas sessões. Após examinar todas as fichas, perguntei de qual assunto ela preferia falar primeiro.

– Por que você veio se consultar comigo e como posso ajudá-la?

Angie começou a falar sobre o relacionamento com o namorado. Eles estavam juntos havia mais de dois anos e ela começava a se preocupar com o futuro da relação. O rapaz parecia não estar muito interessado, e Angie não sabia como lidar com isso. Não que tivessem problemas, só que ele não estava fazendo as perguntas certas, como "Quer se casar comigo?".

Angie não sabia o que fazer para lidar com a ansiedade que sentia. Eles gostavam de estar juntos. Haviam ido muitas vezes um à casa do outro e conheciam as respectivas famílias. Tudo parecia perfeito – então qual era o problema? Por que ele não fazia "a tão esperada pergunta"?

Quanto mais tempo passava, mais o namorado parecia evitar o assunto. Isso estava começando a preocupá-la, e ela precisava aprender a conviver com o fato ou dar um jeito de tocar no assunto. A última coisa que Angie queria era sugerir que o namorado a pedisse em casamento.

Este passou a ser o objetivo da terapia: *como lidar com um relacionamento de longo prazo que é bom, mas parece não estar levando a lugar algum?* Eu também queria saber. Por que o namorado não a pedia em casamento? Que aspecto do relacionamento, ou talvez da cabeça dele, o impedia de dar esse passo? Eu já tinha visto muitos homens com dificuldades de assumir compromissos de longo prazo. Em geral tinham seus motivos – ainda que não concordássemos, para eles eram motivos suficientes para não desejarem se casar. Qual seria o problema com Angie?

Durante a sessão seguinte, conversamos sobre eventuais problemas que minha paciente pudesse ter, mas ela não conseguiu pensar em uma razão para a relutância do namorado. Isso a deixava no mínimo frustrada. Sentia-se presa, sem esperanças de se casar. Naquele ano haveria muitos casamentos, mas nenhum seria o dela.

Durante a sessão, perguntei:

– O que seu namorado diria se eu lhe perguntasse por que não a pede em casamento?

A primeira resposta dela foi:

– Não faço ideia. Talvez você devesse perguntar! – Mas depois pensou um pouco e acrescentou: – Bom, talvez ele dissesse que não quer se casar porque está esperando ter mais estabilidade financeira.

Perguntei em que ele trabalhava e ela deu a entender que tinha um emprego bom em uma empresa de desenvolvimento territorial. Tinha feito um MBA e já entrara na companhia havia uns dois anos. Angie disse que ele não tinha débitos junto à faculdade, pois os pais ganhavam bem e haviam financiado seus estudos, incluindo a pós-graduação. Além disso, ele comprara um carro à vista e seu estilo de vida não o obrigava a gastar mais do que ganhava. De modo geral, o namorado dela parecia ser bastante responsável com as próprias finanças, então esse não devia ser o problema. *A não ser que...*

– Angie, como vão as suas finanças? Você tem alguma dívida ou só faz compras à vista? – perguntei.

Ela desviou o olhar e disse que tinha algumas dívidas, mas estas não eram problema e ela conseguia arcar com as despesas. A resposta merecia mais atenção, então insisti:

– Que dívidas você tem?

Após um minuto, ela me olhou e disse que acreditava ter um saldo negativo de cerca de US$ 7 mil no cartão de crédito.

– Em qual cartão? – perguntei.

– Bom, são uns US$ 7 mil no MasterCard e talvez o mesmo valor no Visa – ela respondeu baixinho.

Muito bem. *Agora* estávamos fazendo algum progresso.

– Você tem mais algum cartão de crédito ou outra fatura em aberto?

– Tenho crediários em lojas de departamentos. São despesas não incluídas nos cartões de crédito, mas sempre pago assim que recebo as faturas – respondeu ela.

– Você paga tudo ou só o valor mínimo a cada mês? – perguntei.

– Tento pagar uma parcela de cada cartão todo mês, mas há meses em que não consigo, pois preciso pagar outras contas para evitar que meu nome vá para o Serviço de Proteção ao Crédito – ela respondeu.

– Angie, você já mentiu sobre suas finanças quando alguém perguntou como andavam suas contas? – indaguei.

– Não – ela me assegurou.

– Você me contou tudo sobre suas dívidas ou deixou algo de fora?

Ela começou a chorar e disse que não tinha me contado tudo.

– Por que você mentiu para mim sobre sua situação financeira, mesmo sabendo que eu não vou julgá-la nem fazer nada para magoá-la? Por que deixou de revelar algo quando o objetivo desta consulta é ajudá-la a enfrentar todo tipo de dificuldade? – perguntei.

Ainda chorando baixinho, ela respondeu:

– Eu não queria que você pensasse mal de mim, então evitei contar que não sei controlar bem o dinheiro e tenho muitas dívidas. – Ela finalmente revelou toda a situação: devia mais de US$ 60 mil para as administradoras de cartões de crédito. Angie tinha apenas 25 anos de idade.

À medida que foi relatando seus hábitos, logo soube que ela fazia a maioria das compras por impulso e que 95% dos gastos eram para adquirir bens de consumo pouco duráveis, como roupas e cosméticos, ou para pagar restaurantes. Brinquei dizendo que ela se daria bem trabalhando com merchandising, pois já devia ser especialista após experimentar tantos produtos. Ambos rimos, mas essa era a triste verdade.

O próximo passo era descobrir o que o namorado tinha a dizer sobre o problema financeiro de Angie. Ele foi convidado para a sessão seguinte e eu lhe perguntei qual era a primeira atitude que ela precisaria adotar para crescer mais como pessoa. A resposta do rapaz foi bem esclarecedora:

– O que eu acho que dificulta a vida dela é a incapacidade de dizer não a si própria quando quer algo. – O jovem sabia exatamente qual era o problema e como isso a afetava. – Se Angie não resolver esse problema, fará mal a ela mesma e a nós. As dívidas que ela tem me assustam. E se isso continuar quando estivermos casados? Eu não aguentaria conviver com telefonemas de credores ou não conseguir pagar as contas. Ficaria louco.

Ali estava a resposta que vínhamos buscando. O namorado não poderia ter explicado melhor por que não pedia Angie em casamento. E ele tinha razão. Eu também teria muita dificuldade em me comprometer com alguém que tivesse tantas dívidas, além dos comportamentos que as ocasionaram. Era mais um caso de Rápido no Gatilho, mas desta vez seria melhor dizer "Rápida na Carteira".

Angie pagava mais de 16% em juros sobre toda essa dívida e tinha dificuldade em arcar com os pagamentos mínimos. Nesse ritmo, levaria 15 anos para saldar suas contas. Mas havia uma alternativa: ela poderia se declarar insolvente.

Nos últimos cinco anos, a quantidade de pessoas insolventes vem crescendo nos Estados Unidos. E por quê? Porque é fácil conseguir crédito e ninguém se esforça muito para ensinar as pessoas a terem autocontrole. "Você pode comprar agora mesmo!" é o slogan dos dias de hoje. Aliás, você nem precisa pagar – pelo menos não até o próximo ano ou alguma outra data mágica conveniente para as empresas que concedem o crédito.

Pedi a Angie que marcasse uma reunião com o gerente de seu banco. Ela concordou e me perguntou o que deveria lhe dizer.

– Quero que peça a ele um empréstimo para comprar pizza.

– O quê? – ela exclamou. – Quer que eu peça um empréstimo para comprar pizza? Não estou entendendo.

Expliquei que era exatamente isso que ela vinha fazendo. Toda vez que pagava uma refeição com cartão de crédito, estava financiando aquela conta. Então, por que não pedir o empréstimo diretamente ao banco? Ela estava pagando 16% para financiar pizzas, mas talvez o banco lhe oferecesse uma taxa melhor, se ela pedisse.

Parece loucura, não é?

Mas é isso mesmo que as pessoas estão fazendo; parece que não importa quanto dinheiro tenham – mesmo assim contraem mais dívidas.

Há vários tipos de Rápidos no Gatilho. As decisões impulsivas podem envolver gastos, profissões ou relacionamentos, mas no fundo o problema é o mesmo. Você toma decisões com calma ou de forma intempestiva? Explico novamente, para enfatizar: talvez você tome *todas* as decisões depressa demais e devesse pensar em não decidir nada até ter um pouco mais de controle sobre si próprio. Se você não "se segurar", corre o risco de acabar pagando muito mais do que 16%. Pode acabar vendendo sua felicidade no futuro para financiar a pizza do fim de semana.

Você é Rápido no Gatilho?

Entre os sintomas a seguir, marque os que você identificar em si mesmo e some quantos marcou.

- ☐ Eu adoro experimentar coisas novas.
- ☐ Para me realizar, eu preciso fazer algo criativo.
- ☐ Tenho tendência a abandonar projetos ou relacionamentos que apresentam dificuldades.
- ☐ Acho complicado monitorar minhas finanças, por causa de consumismo, impulsividade e falta de planejamento.

- ☐ Trabalhar em um ambiente monótono e rotineiro é emocionalmente desgastante.
- ☐ Se perco o interesse, não consigo continuar desempenhando uma tarefa.
- ☐ Sou espontâneo e fico facilmente entediado com coisas repetitivas.
- ☐ Minha natureza impulsiva prejudica meus relacionamentos.
- ☐ Sou bom para começar projetos e atividades, mas não costumo chegar ao fim da maioria deles.
- ☐ Não preciso pensar a fundo em uma ideia; os detalhes costumo resolver depois.

Você tem tendência a ser Rápido no Gatilho?

Marque a seguir seu valor total.

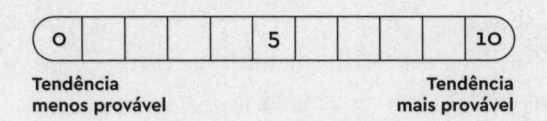

0				5				10

Tendência menos provável — Tendência mais provável

Sou um Rápido no Gatilho – Socorro!

Ocorrem-me três palavras que descrevem com precisão meus acessos de criatividade: novidade, diversão e alucinação!

Mas alguns de meus colegas que prezam mais a estabilidade do que eu usam três palavras diferentes: descontrole, tumulto e destruição. Dá para acreditar que eles dizem isso de mim? Recentemente, um colega cunhou uma expressão para os meus acessos: "convulsão criativa". Eu sinto até certa ressaca de criatividade após lançar tantas ideias ao ar e ver todas elas se estatelarem no chão.

Seu catalisador pode não ser a criatividade, mas a sensação que se tem é que as pessoas com essa limitação se movem muito depressa. Talvez você dê início a muitos projetos e só conclua alguns, ou tome decisões de forma impulsiva, ou fale sem pensar no impacto que suas palavras terão nos demais.

Na hora de tomar decisões, se você perceber que os outros estão oferecendo resistência às suas ideias, as três explicações mais comuns para isso são: (1) você não comunicou bem a ideia, (2) o momento não é adequado ou (3) você não está com a razão. Além disso, talvez você tenha um histórico de esforços muitas vezes vãos que leve os demais a pensarem duas vezes a respeito do seu próximo projeto, por melhor que ele pareça ser. Infelizmente, todas essas explicações conduzem a você. Mas não estou aqui para aplaudir todos aqueles que jogam um balde de água fria e o deixam frustrado e sim para refletir sobre o nosso papel nessa tensão constante.

Uma medida simples é não falar com ninguém sobre uma ideia antes de anotá-la em sua agenda e esperar uma semana. Após esse tempo, você saberá avaliar melhor o potencial dessa ideia. Tome cuidado também para não interromper as pessoas, pois às vezes a sua boca é mais rápida do que você. E, acima de tudo, disponha-se a aceitar as opiniões sinceras que os outros lhe derem.

Etapas de TrAção específicas

Aqui estão algumas ações que você pode adotar para começar hoje mesmo a ganhar TrAção. Após ler todos os capítulos referentes às limitações, se esta ficar caracterizada como uma das suas limitações fatais, etapas como estas farão parte do seu Plano de TrAção:

- Vou parar de interromper as pessoas. Durante um dia não vou dizer nada em uma conversa ou reunião antes de deixar passar alguns segundos. Essa medida vai me permitir manter o controle, observar quem teve oportunidade de falar e perceber que algumas coisas que pensei não precisavam ser ditas.

Uma vez por semana perguntarei a alguém: "Tenho sido um bom ouvinte?" E lhe pedirei que me dê uma nota de 1 a 10.
- Vou terminar as tarefas que começo. Eu fico mais entusiasmado com ideias novas do que com as já consolidadas, porém muitas vezes minhas novas ideias acabam prejudicando algo valioso e eficaz. Farei mais afirmações do tipo: "Se este não for o melhor momento para isto, ficarei feliz em arquivar a ideia por enquanto." E, uma vez por semana, vou perguntar às pessoas com as quais interajo mais: "Eu tenho mudado de rumo com muita frequência?"
- Deixarei de agir por impulso. Se eu tiver uma ideia nova, vou anotá-la e, uma semana depois, voltarei a examiná-la para decidir se vale a pena levá-la adiante. Também vou parar de envolver outras pessoas rápido demais em ideias ou projetos, para não desviá-las de suas tarefas. Em vez de assumir uma atitude defensiva, aceitarei bem perguntas difíceis e, antes de avançar, vou pedir a opinião de quem fez tais perguntas.

Como lidar com um Rápido no Gatilho?

Para lidar de forma eficiente com alguém assim, é sempre importante mostrar que se admira a pessoa. Toda limitação, ainda que extrema, contém alguns aspectos positivos; portanto, dê opiniões positivas também. Alguns pontos favoráveis que podem ser enfatizados: o Rápido no Gatilho é adaptável e age depressa.

- Se alguém Rápido no Gatilho estiver apresentando uma ideia, ratifique-a dizendo algo como: "Quero tomar nota disso e, mais tarde, poderemos reservar um tempo para amadurecer essa ideia." Talvez dizer "Vamos pensar nisso durante alguns dias" o faça sentir que ele foi ouvido e tire de você a pressão de resolver algo de imediato. Cuidado para não ser interpretado como alguém que não aceita mudanças. Se trabalha com

alguém com esse perfil, faça perguntas como: "Você acha que estamos fazendo progresso rápido?"
- Se alguém com essa limitação tomar uma decisão impulsiva, pense no melhor momento para confrontá-lo. Mesmo se a decisão estiver errada, o mais sábio é tentar tirar proveito da situação e não dar a impressão de o estar criticando. Embora reaja depressa, para ele é importante ser bem-sucedido, então aceitará informações e detalhes que o ajudem a tomar uma decisão melhor. O mais importante é que essas informações sejam passadas de forma eficaz e sem que pareçam intolerantes. Os Rápidos no Gatilho não querem errar; apenas reagem a algo que acreditam que precisa ser diferente. Enfatize o lado positivo dessa característica, da mesma forma que eles deverão enfatizar o lado positivo da sua opinião.

PARTE III
Superando as limitações pessoais

15.

Elaborando seu Plano de TrAção

Tudo o que examinamos até agora nos conduz à TrAção. É assim que grafamos *tração* – para enfatizar a ação.

Se não agimos, não nos transformamos. O aspecto mais importante é a transformação. Por isso, espero que suas motivações e seu desejo de alcançar o crescimento pessoal o façam ganhar TrAção.

Por que esse processo é tão fundamental? Antes de mais nada, porque todos vivemos tão atarefados que, se não nos lançarmos do conceito ao plano, logo esqueceremos as informações coletadas, por mais valiosas que sejam. Você já notou que suas melhores intenções não foram suficientes para concretizar algum projeto, simplesmente porque você estava muito ocupado com as tarefas do dia a dia ou resolvendo emergências que não havia planejado? Escrever um Plano de TrAção é a melhor forma de se planejar, em vez de apenas ir tocando a vida, além de fornecer um rumo sistemático e contínuo para seu crescimento.

Cunhamos o termo TrAção porque queremos que você faça mais do que adicionar atividades à sua lista de tarefas. Queremos que ganhe TrAção, aquela força que dá sentido aos seus esforços e permite que continue avançando em um plano de ação específico.

Os capítulos anteriores formam a base para esta etapa crucial do seu processo de crescimento – o Plano de TrAção. Você deve criar uma ficha que inclua:

1. O objetivo final deste processo.
2. Uma lista de seus pontos fortes.
3. Sua principal limitação pessoal ou as duas principais.
4. Etapas de TrAção específicas.
5. Um plano de comprometimento.

Quero que saiba que eu precisei aprender a lidar com este processo, pois ele contraria minha natureza. Às vezes, tendo a mudar de uma tarefa para outra muito depressa, mas seguir um plano passo a passo me rendeu ótimos resultados. Recomendo que o siga com calma e o execute bem. Não apresse o processo, do contrário você tratará algumas questões de maneira superficial sem pôr em prática as mudanças mais profundas e duradouras.

Compreender o objetivo – o resultado final desejado – é a etapa mais fundamental do processo de mudança. Após muitos anos lidando com as limitações pessoais de pacientes e clientes, fiquei entusiasmado ao descobrir um especialista em administração chamado Eliyahu Goldratt, que estava desenvolvendo um trabalho semelhante no mundo empresarial. Seu livro, *A meta,* conta a história fictícia de uma fábrica em que, repetidamente, os recursos se acumulam em gargalos no processo de produção. Ele demonstrou que esses gargalos, ou limitações, se impõem sobre o sistema como um todo e determinam seu ritmo.

A análise do Dr. Goldratt sobre o funcionamento dos sistemas e o porquê de os gargalos – pontos em que o trabalho fica mais lento – se formarem foi mais uma confirmação dos meus estudos sobre esses mesmos processos nas pessoas. Por que os talentos encontram obstáculos e não se manifestam? Por que as pessoas não alcançam um desempenho superior? Quais são os verdadeiros gargalos por trás dos planos que não têm seus objetivos atingidos?

O Dr. Goldratt apresenta ainda um "processo de reflexão" para cada uma das seguintes perguntas, que valem tanto para mudanças pessoais quanto para um sistema de produção:

1. O que mudar?
2. Em que se transformar?
3. Como realizar a mudança?

Passo nº 1: Estabeleça o objetivo

A resposta para a primeira pergunta é fácil: queremos mudar as limitações pessoais que afetam nosso desempenho.

A segunda pergunta requer um pouco mais de reflexão: *em que você quer se transformar?* Em outras palavras, qual é seu *"objetivo comportamental"*?

Em uma ou duas frases, resuma os principais aspectos do resultado que você deseja. Escreva com toda a sinceridade e interiorize esse objetivo. A seguir, apresento alguns exemplos.

Ser um ótimo pai

Em muitos aspectos, a primeira noite em casa após o nascimento de meu filho Matthew definiu meu perfil pelo resto da vida. Fiz um exame de quem eu era e aonde queria chegar. Eu sabia que queria ser um bom pai e já tinha noção de quais aspectos precisaria mudar para alcançar essa meta. Fiz questão de registrar tudo por escrito para ler e reler depois.

Meu objetivo primordial era este: ser um ótimo pai. Também tinha outros: ser um marido excelente, um bom chefe, um educador exemplar. Você perceberá que, ao lidar com suas limitações pessoais, cada uma delas afeta, de forma semelhante, áreas diferentes da sua vida. Por exemplo, digamos que para ser um ótimo pai e marido eu queira ser uma pessoa mais afável e menos dominadora. Eu diria: *"Vou me certi-*

ficar de que as pessoas mais próximas saibam que tenho apreço por elas e por suas opiniões, e que seus pensamentos e suas necessidades são mais importantes para mim do que minhas próprias reflexões. Vou levar em conta as necessidades e preferências dos outros ao tomar decisões."

Outros exemplos de objetivos comportamentais

1. Eu me comprometo a sempre pensar com clareza sobre os aspectos da minha vida que mais valorizo: família, saúde, felicidade e carreira.
2. Para equilibrar minha vida, vou realizar todas as mudanças necessárias a fim de me tornar a melhor pessoa possível, e assim permitir que os outros indivíduos também sejam os melhores possíveis.
3. Por meio de comportamentos palpáveis, vou mostrar à minha família, aos meus amigos e colegas que eles podem contar comigo.
4. Serei alguém que leva os compromissos a sério e que conclui as tarefas que começa.
5. Quero melhorar meu desempenho, minha eficiência e minhas realizações como líder eliminando comportamentos autocríticos negativos. Vou aprender com meus erros e deixá-los para trás.
6. Quero ser visto como alguém que valoriza as pessoas e as leva a trabalhar pelo bem comum. Para isso, modificarei minha personalidade dominante e serei mais aberto e tolerante com os outros.

Passo nº 2: Identifique seus pontos fortes

Esta seção conterá uma lista dos seus pontos fortes, aqueles nos quais você irá se basear. Seu crescimento será impulsionado por essas qualidades. Se alguém é competitivo, pode ser que em determinadas circunstâncias seja competitivo demais, porém nesta seção liste apenas a palavra "competitivo" e siga em frente.

Levando em conta que é impossível se autoavaliar sem obter confirmações por meio da opinião de terceiros, é recomendável que você converse com alguém de sua confiança para ajudá-lo a completar o processo, começando por seus pontos fortes. Peça a essa pessoa que faça uma lista semelhante e depois compare as duas, marcando eventuais discrepâncias entre elas.

Não fique restrito à lista a seguir. Na verdade, eu preferiria que você elaborasse suas listas iniciais sem ler as próximas palavras. Depois, como acontece com muita gente, se você não tiver mais ideias, esta lista pode ajudá-lo a pensar em mais qualidades:

Afável	Sensível	Visionário
Competitivo	Confiante	Determinado
Tende a liderar	Causa boa impressão à primeira vista	Tem presença social
Criativo		Bem-disposto
Conversador	Engraçado	Gosta de mudança e variedade
Positivo	Sabe delegar quando necessário	
Acessível		Entusiasta
Cuidadoso	Persistente	Flexível
Altruísta	Aberto a ideias novas	Organizado
Independente	Tem espírito de equipe	Humilde
Tem autocontrole		Otimista
Preocupado com as pessoas	Tem expectativas elevadas	Espontâneo
Focado em detalhes	Relaxado	Divide as glórias
Prestativo	Responsável	Analítico
Paciente	Sabe melhorar situações	Eficiente
Atencioso	Extrovertido	Perceptivo
Empático	Meticuloso	Resiliente
Decidido	Original	Calmo
Lógico	Inovador	Estável
Sociável	Apoia os demais	Influente
		Sabe respeitar regras

Passo nº 3: Aborde suas duas limitações principais

Nesta etapa, reveja as listas que você completou em cada um dos capítulos sobre as 10 Principais Limitações Fatais. Identifique suas duas maiores limitações, aquelas que obtiveram mais pontos entre as suas listas (se você só tiver uma, trabalhe só com essa). Ainda que você tenha marcado apenas alguns sintomas, observe primeiramente as áreas que constituem seus principais pontos fracos. Como já mencionei, não é somente o valor total de cada avaliação que determina o grau de intensidade da limitação; mesmo uma deficiência com poucos pontos pode ser significativa na sua vida.

Anote aqui suas duas principais limitações fatais:

1. _____
2. _____

Esta seção sintetiza uma ou duas limitações às quais você irá se dedicar. Se existirem três, deixe a terceira para depois. Se mais de duas tiverem pontuação parecida, escolha as que você acredita que tenham maior impacto no seu modo de agir e comece por elas. Não é necessário fazer muitas mudanças ao mesmo tempo.

Seja totalmente sincero
Anote algumas frases que lhe permitam pensar especificamente na maneira como essas duas limitações estão afetando sua vida. Tente pensar em uma situação concreta em que tais dificuldades tiveram um impacto real (negativo) em você. Talvez você seja parecido comigo: quando comecei a pensar, me ocorreram muitas situações em que minhas limitações magoaram pessoas à minha volta e senti necessidade de mudar esse meu jeito de ser.

Passo nº 4: Etapas de TrAção específicas

O quarto passo é simples, mas requer comprometimento. Você está começando a elaborar um plano pessoal. Ter um plano é como usar um mapa que indique seu destino e a melhor forma de chegar até ele.

Esta seção conterá ações simples que vão ajudá-lo a se libertar até de suas limitações mais difíceis. Cada etapa deve ser específica e lidar diretamente com o comportamento em questão. Quero compartilhar com você algumas das medidas que tomei para superar minhas deficiências.

Como muitos empreendedores, minha autoconfiança é bastante alta. Também tenho grande necessidade de fazer mudanças e pouco autocontrole. Quase sempre, a autoconfiança ajuda, mas a necessidade de mudanças aliada ao baixo autocontrole produz grandes aventuras. Minha tendência é pensar que estou certo e ficar impaciente com os outros. Meu ritmo é acelerado, sou criativo, e minha autoconfiança me leva a pensar que meus planos são "brilhantes" – mesmo que eu nunca expresse esse pensamento. (Aliás, escrever sobre isso me envergonha, mas encarar essas limitações me ajuda a superá-las.)

E como manifesto minhas limitações? Vejamos uma típica reunião na minha empresa, digamos, com a equipe de novos produtos. Como sempre, a reunião começa com a apresentação de pontos positivos: várias pessoas contam notícias boas sobre algum projeto ou até mesmo sobre questões pessoais, como um filho que se sobressaiu na escola. Em geral, isso leva alguns minutos. Se demorar mais que o normal, percebo que vou ficando impaciente e começo a me perguntar: "Quando vamos passar ao que interessa?"

A seguir, alguém apresenta ideias sobre o produto a ser discutido e pergunta se temos algo a acrescentar. É claro que tenho, pois li ou ouvi alguma coisa que me deu uma ideia.

– Você preparou algo por escrito sobre o que pretende discutir? – o líder da discussão pergunta.

– Não – sou obrigado a responder, pois minha falta de autocontrole me deixou entusiasmado com o tal conceito, mas eu não me dediquei a preparar a apresentação. No íntimo, me pergunto por que eles não podem ouvir minha ideia e opinar sobre ela. Em pouco tempo, começo a me sentir frustrado com o ritmo lento da reunião e com os pedidos para que eu forneça mais informações. Contudo, gosto muito da minha equipe, então procuro proceder com toda a paciência. Sei que as pessoas estão fazendo o possível para dar atenção a mim e a meu último "lampejo de genialidade", mas minhas limitações claramente estão interferindo.

Como lido com isso? Primeiro, preciso de um plano comportamental básico que me proporcione mais controle sobre minhas ações. Preciso encontrar maneiras práticas de limitar minha tendência a ser impulsivo, sobretudo com relação às minhas ideias. Para isso, decido que não vou apresentar uma ideia nova na reunião a menos que a tenha apresentado ao líder do debate antes do encontro. Caso a coloque em pauta, devo permitir que o grupo debata sobre ela sem que eu tente "vendê-la". Comprometo-me a responder às perguntas sem pressionar os demais.

Em seguida, decido que preciso mostrar mais apreço pelo trabalho realizado pela minha equipe, que constitui o pano de fundo para cada nova ideia que tenho; percebo que meus colegas ainda estão acompanhando as tarefas relativas à última ideia que tive. Demonstro isso fazendo perguntas sobre os projetos em que cada um está envolvido e ouvindo com atenção quando eles expõem seus desafios ou as dificuldades que têm enfrentado. Manter-me informado sobre o trabalho deles me ajuda a ser realista com relação a prazos e expectativas.

Por fim, deixo que a equipe decida as prioridades do próximo projeto. Essa etapa é difícil para mim, pois não se adquire disciplina da noite para o dia. Mas, se eu valorizo meus funcionários e acredito que tenho os profissionais certos realizando as tarefas certas, por que não deixá-los fazer o que sabem?

Após listar essas etapas comportamentais específicas, eu conto a eles a que estou me dedicando e o que estou modificando para me tornar um melhor integrante do grupo. Como fundador da empresa, tenho grande influência sobre o que acontece nela. Preciso usá-la para incentivar minha equipe, de modo que cada um empregue seus talentos da melhor maneira. Eu não sou um bom realizador. Detesto cuidar de minúcias e fico entediado rapidamente se tento pensar em todos os aspectos de algum item. Então por que não deixar que aqueles que têm talento para isso me digam o que tem mais chance de dar certo, por quanto tempo e quanto custará?

O que acabei de contar não foi uma reunião hipotética. Foi real, incluindo o processo ao qual estou me dedicando agora. Preciso pôr essas mudanças em prática para que minha equipe alcance um desempenho cada vez melhor. Sei que às vezes eu atrapalho e tenho a consciência de que não preciso me esforçar muito para desviar pessoas e recursos de seu rumo original. Sei também que "nenhuma empresa pode superar as limitações pessoais de seus líderes". Ou seja, para minha empresa melhorar, *eu* preciso melhorar. É simples, porém profundo. Para permitir o crescimento de uma empresa, uma família, uma equipe ou uma organização, seus líderes precisam se comprometer a crescer.

Como você pode perceber, minhas etapas incluem comportamentos concretos e momentos específicos (antes e durante reuniões). Só falta um elemento: algum parceiro ao qual prestar contas, um observador externo que me ajude a mensurar meu progresso. Escolhi dois parceiros e pedi a eles que me dessem uma nota de 1 a 10 após cada reunião. Na opinião deles, fiz um grande progresso – e preciso dizer que não são o tipo de pessoas que querem facilitar a minha vida.

Já que estou falando de Planos de TrAção, deixe-me contar brevemente como os utilizamos na nossa empresa. Todas as pessoas seguem permanentemente algum plano de crescimento pessoal. A cada trimestre, elaboramos as etapas de ação para superar as limitações às quais desejamos nos concentrar durante aquele período. O plano pode abranger qualquer campo – profissional ou pessoal –, desde que a pessoa esteja empenhada em superar alguma limitação pessoal. Todos temos ações específicas nas quais estamos tentando melhorar e também um parceiro que nos dá opiniões semanais. Ao fim de cada mês, avaliamos uns aos outros e recebemos um boletim que mede nosso progresso. Por esse boletim, somos capazes de dizer como estamos nos saindo em nosso plano e se estamos dando atenção às características que nos comprometemos a mudar.

As avaliações de fim de ano não são o nosso forte, pois não acredito em esperar um ano inteiro para dar um feedback. Quero ouvir opiniões o mais rápido possível e corrigir o rumo depressa. E esse processo não leva muito tempo. Passamos logo de uma etapa a outra, pois o objetivo é não perder tempo observando e avaliando – o que interessa são os resultados. E dá certo. Estamos permanentemente crescendo, e aqueles à nossa volta sabem que questões estamos abordando, nos ajudando no processo.

A verdade é que é possível pensar em uma nova maneira de se comportar, ou se comportar de modo a desenvolver uma nova forma de pensar – isto é, se você se concentrar na forma de pensar, esta acabará influenciando seu comportamento, mas isso leva tempo. Eu prefiro mudar primeiro o comportamento e deixar que o pensamento o acompanhe. Percebi que é mais fácil manobrar um carro em movimento do que um carro que esteja parado. Mudar o comportamento é mais rápido e mais significativo para os demais, pois eles logo percebem as transformações no nosso modo de agir.

Algumas dicas para elaborar seu plano:

1. Recorra a comportamentos específicos:
- **Não use** instruções genéricas como "seja simpático".
- **Coloque em prática** comportamentos tais como dizer "Obrigado por me dar sua opinião a respeito de..."

2. Escolha momentos específicos:
- **Não diga** "Quando eu puder".
- **Diga** "Todas as manhãs eu farei..." ou "Duas vezes por dia eu farei..."

3. Use instruções para iniciar ou parar certos comportamentos ou para se libertar deles:
- "Vou **parar** de levantar a voz quando ficar bravo."
- "Vou **começar** a fazer mais perguntas sobre o que o outro pensa e prestar atenção quando ele manifestar sua opinião."

Após escolher a limitação ou as duas limitações que você vai abordar, primeiro tente estabelecer você mesmo algumas medidas de ação, antes de colocar em prática algumas das etapas de TrAção fornecidas como exemplo ao fim de cada capítulo sobre as deficiências em questão. Seu Plano de TrAção definitivo precisa realmente se aplicar aos seus objetivos do dia a dia, então molde-o de acordo com suas necessidades.

Uma boa média são cinco ou seis etapas de ação no total.

Passo nº 5: Comprometimento

A última seção é o seu plano de comprometimento. Eu sou capaz de fazer todos os tipos de comprometimentos pessoais; porém, sem alguém para me ajudar a me ater ao plano, dificilmente alcançarei uma transformação duradoura. Use esta seção para designar os parceiros que vão ajudá-lo a identificar seus pontos fortes e suas duas principais limitações e aqueles a quem enviará uma cópia deste plano. Indique com que frequência pedirá a opinião deles e que forma essa opinião terá.

Dicas para ser bem-sucedido
- Escolha um parceiro de confiança e preste contas a ele.
- Peça a alguém que reveja com você seus pontos fortes e suas limitações, para ter certeza de que não está deixando nada de fora.
- Peça a alguém que monitore você.
- Faça da sua avaliação um evento regular (mas facilite: em uma semana corrida, um e-mail é uma ótima alternativa).

Com relação ao formato do plano, sei que algumas pessoas são muito detalhistas, ao passo que outras não gostam de ver uma página cheia de itens numerados. Já fizemos experiências com diversos formatos e constatamos que quase todas as pessoas se beneficiam da estrutura apresentada aqui. Segue-se um exemplo de Plano de TrAção:

Exemplo de Plano de TrAção

TERRY

Objetivo:
Ter uma visão totalmente nova de mim mesmo, libertando-me de padrões negativos de pensamento que venho reforçando ao longo dos anos. Vou parar de me martirizar, pois isso não só me prejudica como também afeta aqueles à minha volta.

Pontos fortes:

Afável	Altruísta	Prestativo	Sensível
Humilde	Leal	Paciente	Disciplinado
Relaxado	Persistente		

Principais limitações: Ostra e Docinho de Coco
A falta de autoconfiança e o comportamento superprotetor transparecem em meus relacionamentos, na minha estabilidade emocional e no meu desempenho profissional. Quero começar a me libertar de alguns hábitos destrutivos que desenvolvi, reformulando a visão que tenho de mim mesmo, o que me ajudará a escapar de um círculo vicioso emocional que me faz parecer sensível demais a críticas.

Etapas de TrAção: Eu vou...
Começar a assumir a responsabilidade pela linguagem excessivamente autocrítica que uso internamente. Expressões como "Eu sou péssimo em..." e "Isso foi uma estupidez da minha parte" não são mais aceitáveis. Quando eu tiver pensamentos desse tipo, vou substituí-los por uma linguagem mais positiva.

Começar a ler os 10 pontos fortes do meu Plano de TrAção todo dia. Daqui a um mês vou recitar a lista de cor e internalizar totalmente cada uma dessas qualidades.

Parar de dizer "Desculpe" quando for desnecessário. Isso me faz parecer carente.

Começar a ser mais expressivo com as pessoas, sobretudo com aquelas com quem não tenho tanta intimidade. Quando entrar num ambiente, vou olhá-las com confiança e exibir um sorriso sincero, apertar a mão delas com força, fazer contato visual, etc., procurando ter presença, mas sem sentir que preciso agir como alguém que não sou.

Parar de evitar conflitos, o que me impede de dizer o que realmente penso, me leva a conter meus sentimentos e a mascarar os problemas até que eles fiquem piores, além de não me permitir dar opiniões para não correr o risco de magoar as outras pessoas. Esse comportamento também dificulta que eu defina limites adequados para a minha capacidade de ajudar, então vou passar a dizer não quando necessário.

Plano de comprometimento: Para conseguir ganhar TrAção, vou telefonar ou mandar um e-mail para a Kate e o Chris toda semana nos próximos três meses, passando a eles uma atualização franca do meu progresso. Pelo menos uma vez por mês, vou pedir a eles sugestões a respeito do meu processo de crescimento.

Agora preencha o seu próprio Plano de TrAção na página seguinte.

Plano de TrAção de _____

Objetivo:
_____
_____
_____
_____

Pontos fortes:

1. _____ 6. _____
2. _____ 7. _____
3. _____ 8. _____
4. _____ 9. _____
5. _____ 10. _____

Principais limitações:

1. _____
2. _____

Etapas de TrAção:

1. _____
2. _____
3. _____
4. _____
5. _____
6. _____

Plano de comprometimento:
_____
_____
_____
_____

16.

As limitações são pessoais: minha história

Ao longo do livro pedi que você refletisse e se autoavaliasse bastante. Também revelei algumas partes da minha história pessoal e das minhas limitações. Mas não é justo pedir que você seja totalmente franco ao expor suas limitações sem que eu fale um pouco mais sobre as minhas.

As limitações pessoais são algo muito real para mim, pois precisei superar várias até me tornar quem sou hoje. Embora eu já tenha nascido com algumas dificuldades – como a disgrafia e a discalculia, que me impõem restrições no campo da matemática –, outras foram transmitidas pelos meus pais e muitas foram consequência das minhas próprias escolhas e prioridades ao longo da vida.

Assim como todos os pais que lutam para superar problemas mal resolvidos, os meus fizeram o melhor que puderam. Relato aqui esta história não com o intuito de desonrá-los, mas para que você saiba como surgiram minhas convicções profundas no que diz respeito às limitações pessoais. Amo meus pais, mas os problemas deles afetaram a mim e a meus irmãos de várias maneiras. Com a permissão deles, vou relatar algumas dessas experiências.

Meu pai era casado com outra mulher quando teve um caso com

minha mãe, que engravidou de mim. Minha avó paterna, uma senhora refinada e tradicional do Sul dos Estados Unidos, fez um escândalo quando descobriu que um neto ilegítimo estava a caminho. Ela insistiu em que meu pai se divorciasse e se casasse com a minha mãe – e foi o que ele fez.

É claro que essa não é a melhor maneira de se começar uma família feliz. Para piorar, eu estava no centro do redemoinho, por ter "causado" todo o problema que levou ao novo casamento.

Quando eu era criança, não entendia que o rancor e a infelicidade que permeavam minha casa não eram normais. Eu fazia o melhor que podia para não deixar meus pais mais zangados.

Descobrindo uma motivação

Quando eu estava na primeira série, os problemas subjacentes começaram a transparecer. Descobri que não conseguia aprender a ler. Isso logo afetou meu desempenho escolar. Perdi o interesse pelo aprendizado e comecei a me meter em situações complicadas, tanto na escola quanto em casa.

No fim do ano, a professora me chamou e disse que a diretora gostaria de se reunir com cinco meninos para dar a eles uma oportunidade especial. Então fomos à sala dela e ouvimos o seguinte: "Todo ano escolhemos algumas crianças para ajudarem a turma da alfabetização a se familiarizar com a primeira série. Se vocês estiverem interessados em participar, vão precisar pedir permissão aos pais e então veremos quem será o escolhido para ajudar as crianças antes do início do próximo ano."

Fiquei muito entusiasmado por ser um entre os poucos escolhidos e corri para casa a fim de perguntar à minha mãe se ela me deixaria participar. Meus pais concordaram e eu fui o selecionado.

O ano seguinte foi ótimo para mim. Continuei na primeira série e, embora ainda tivesse dificuldades, sobretudo em matemática, a atenção redobrada e a consciência do meu objetivo ali melhoraram meu desempenho.

Anos mais tarde, quando eu já estava na faculdade, minha mãe e eu estávamos conversando sobre meus anos no ensino fundamental. Ela me contou que eu havia entrado na escola um ano mais cedo, mas que essa antecipação não dera certo, porque eu não tinha o mesmo nível de maturidade das outras crianças. Então ela contou que eu tinha repetido a primeira série, porque não tinha aprendido a ler.

Fiquei em estado de choque.

– *Como é que é?*
– Você não se lembra de repetir a primeira série?

Meu rosto mostrava espanto e incredulidade.

– *Mas eu não repeti! Fui selecionado para ajudar as crianças da turma de alfabetização!* – exclamei quase gritando.

Naquele dia, minha mãe pôs abaixo meus paradigmas. Durante todos aqueles anos eu acreditara ter sido incumbido de uma missão importante na escola quando, na realidade, tinha simplesmente repetido o ano.

É claro que minha mãe não se deu conta do contraste entre suas palavras bruscas e a imagem positiva que a diretora apresentara a um menino de 6 anos. Os próprios medos e as dificuldades da minha mãe a haviam impedido de desenvolver uma relação íntima comigo e ela nunca me valorizou nem incentivou muito na infância. Por sorte, a professora da primeira série, Ruthie Matthews, assumiu esse papel. Ela me ensinou a ler, me motivou e me ajudou a descobrir – em meio a tantas coisas que eu não sabia fazer – algo que eu fazia *bem*. Mesmo pequeno, eu já sabia que queria ajudar os outros a melhorarem. Essa professora e a diretora deram um rumo para a minha vida quando disseram "Você foi selecionado para ajudar a turma da alfabetização a se familiarizar com a primeira série". Hoje, sou especialista em ajudar os outros. É o que faço da vida, e tudo começou na primeira série – na segunda vez que a cursei.

O fim da inocência

Mesmo com atenção redobrada, a escola não ficou mais fácil. Lembro-me de um dia, na quarta série, em que fiquei parado na frente do quadro-negro, tentando desesperadamente resolver um problema de divisão. Os números não faziam sentido algum para mim. Quanto mais tempo passava, mais difícil o problema se tornava, até que, finalmente, a professora não conseguiu mais esconder sua frustração. Indignada, ela me mandou ficar naquela posição até acertar a resposta. Felizmente já era tarde, senão eu teria ficado ali de pé o dia todo. Eu não conseguia multiplicar nem dividir números. A discalculia provoca um curto-circuito na área do cérebro responsável pelos cálculos matemáticos. Mesmo agora, admito que *ainda* tenho dificuldades com tabelas básicas de multiplicação. Eu me sentia o bobo da corte.

Quando eu era criança, não se conheciam muito bem as diferentes modalidades de aprendizado nem os distúrbios de aprendizagem. Tudo o que eu sabia era que enfrentava grandes dificuldades na escola e tinha certeza de que a quarta série seria a última que eu concluiria.

Não foi assim. Mas a quarta série foi o primeiro dos últimos três anos em que eu aproveitaria as férias de verão. A partir da sétima série, passei a ir para a escola durante o ano todo, no intuito de manter minhas tarefas em dia até me formar. A matemática continuou a ser um mistério para mim. Repeti álgebra várias vezes e cada vez meu fracasso parecia maior. A maioria dos meus amigos ia bem, enquanto eu passava o ano todo estudando e *continuava* sendo o último da turma. Eu me sentia o bobo da corte.

Quando eu estava na quarta série, meus pais começaram a brigar. Eu sempre tentara me aproximar do meu pai e, algumas vezes, sentia que havia conseguido. Eu adorava ficar ao ar livre e, se pudesse, vivia no meio do mato. Eu caçava, pescava, levava o gado para o pasto com meu avô e passava o maior tempo possível com meus avós, que eu idolatrava.

Minha casa, contudo, não era um lugar feliz. Eu tinha medo da minha mãe, que me batia com frequência e gritava muito quando eu estava por perto.

Certo dia, meu mundo veio abaixo. Não me lembro mais dos detalhes, mas meu irmão, Jim, e eu devemos ter feito algo muito errado. Quando meu pai chegou em casa, começou a gritar com minha mãe. A briga ficou mais intensa e logo ele se voltou contra nós. Fomos arrastados pelo corredor e trancados no quarto. Meu pai entrou, tirou o cinto e começou a me bater. Jim, dois anos mais novo, chorava e tentava se esconder, em pânico.

Depois foi a vez dele.

Devo ter dito algo que fez meu pai se virar novamente para mim e recomeçar as chibatadas. Aquela foi a primeira vez que apanhei até perder a consciência, mas não seria a última. Em um momento eu estava deitado no chão vendo os sapatos do meu pai, em pé ao meu lado. Quando dei por mim, acordei na minha cama.

Naquela noite chorei copiosamente. Minha vida sofreu um revés, pois a visão que eu tinha do meu pai mudou. Deixei de tentar me aproximar dele e de vê-lo como amigo. Ele passou a ser alguém capaz de me machucar e comecei a ter medo dele.

Feridas do coração

Na cidade, nossa família era querida e respeitada. Meus pais se envolviam nos eventos da igreja e participavam das atividades escolares, o que me deixava confuso. Se *eles* não eram o problema, eu pensava, então só podia ser *eu*. Após algum tempo, comecei a acreditar que as brigas constantes eram culpa minha e que eu precisava aprender a me comportar.

Quando cheguei à sexta série, conquistei alguns privilégios: me deixaram ir de bicicleta até a piscina e ao campo de golfe. Certa vez, cheguei em casa após um dia muito divertido e, assim que passei pela porta, minha mãe me bateu e começou a gritar comigo. Sem me explicar o porquê.

– Quando seu pai chegar, *você vai ver só!* – esbravejou.

Senti o pânico e a confusão tomarem conta de mim.

Então meu pai chegou.

O lugar habitual das surras era o corredor, então me dirigi para lá. Lembro-me daquela surra mais nitidamente do que de todas as outras, porque eu não sabia o motivo pelo qual estava apanhando. Depois que meu pai parou de me bater, minha mãe me encarou e disse para nunca mais envergonhá-los daquele jeito. Eu ainda não sabia o que tinha feito de tão grave.

– Você *sabia* que alguém diria algo sobre as marcas nas suas costas, não é? – ela me acusou.

"Que marcas?", pensei. Continuei sem saber do que ela estava falando até ir para o meu quarto e me olhar no espelho. E lá estavam elas: as marcas da surra que eu tinha levado na semana anterior. Aparentemente, alguém na piscina as vira e telefonara preocupado para a minha mãe, perguntando se poderia ajudar em algo.

Nunca mais voltei à piscina sem antes conferir se as cicatrizes em meu corpo ainda estavam visíveis.

Comecei a detestar ficar em casa, sempre que podia ficava todo o tempo livre fora, na companhia de amigos cujos pais me tratavam como se eu fosse da família. Nunca contei a ninguém o que acontecia na minha casa, embora uma tarde eu quase tivesse desabafado com meus amigos Joe e Jim, quando eles vieram me buscar após uma manhã particularmente difícil. Eu apenas me deitei no banco de trás e chorei. Como quase todos os meninos, eles também eram durões e não me perguntaram nada, então não falei. Eu gostaria de ter podido contar com eles, mas não falávamos sobre nossos sentimentos. Nunca me passara pela cabeça que me abrir com meus amigos pudesse ser bom.

Ninguém imaginava que a situação em casa não estava nada bem. De qualquer maneira, eu nem saberia por onde começar a desabafar toda a minha dor. Além disso, o que aconteceria se alguém acabasse *acreditando* em mim? Eu iria morar com outra família e acabaria perdendo o contato com meus avós? Conforme fui crescendo, criei aversão a essa fase da minha vida e hoje me lembro dela como uma época terrivelmente infeliz. Aprendi a ocultar meus sentimentos e a demonstrar felicidade, não importando o que acontecesse à minha volta. E desejava desesperadamente que as pessoas gostassem de mim.

Experiências semelhantes, limitações diferentes

Naquele tempo, duas crenças profundas se enraizaram em mim. Primeiro, acreditei que *ninguém nunca me amaria de verdade*. Segundo, e o que mais me magoou, foi o motivo pelo qual ninguém nunca me amaria: me convenci de que *eu era alguém impossível de amar*. Por algum motivo, havia algo errado comigo que não permitia que ninguém me amasse. Esse sofrimento me acompanhou até a idade adulta.

Lamentavelmente, muitas crianças passam a acreditar que não podem ser amadas, e é muito difícil superar esse sentimento. Mas o pior é que essa crença é o catalisador de muitas limitações pessoais. Ela se transforma em rancor e agressividade – rancor contra aqueles que deveriam estar do lado delas, mas não estão, e agressividade contra todos os que as decepcionam quando, sem querer, põem o dedo na ferida aberta pelos pais ou por outras pessoas nas quais confiam.

Outras crianças desenvolvem problemas de identidade e a necessidade de ser bem-sucedidas. A busca por um desempenho melhor foi uma grande limitação minha. Eu tentava agradar as pessoas me dedicando a mais atividades e obtendo resultados melhores, o que muitas vezes significava – já adulto – fazer coisas demais pelos outros em detrimento da minha família ou de mim mesmo. Aquelas crenças básicas também podem resultar em perfeccionismo, necessidade de compensação e até mesmo tendência a adiar os compromissos, problemas causados pela necessidade de não levar a culpa por nada e de ser aceito pelos demais. Em razão das minhas dificuldades de aprendizado e de outras deficiências que possuía, eu estava determinado a me sobressair entre os escoteiros, no beisebol e em outros esportes. Embora parecesse que eu era bem-sucedido nessas atividades, grande parte da minha motivação era a necessidade de compensar a terrível sensação de deslocamento que tinha na escola. Mesmo assim, eu nunca sentia que estava chegando a algum lugar. Parecia que estava sempre tentando alcançar o mínimo desempenho aceitável.

Outra limitação que pode se originar da crença de que não se é amado consiste no fato de a pessoa se tornar superprotetora com relação aos demais, na esperança de receber o mesmo em troca. Trata-se de um problema sério entre muitas mulheres, que "se entregam" totalmente numa tentativa desesperada de receber o mesmo tipo de afeto. Várias mulheres jovens têm tendência a se envolver com pessoas que, de uma forma ou de outra, precisam ser resgatadas. Como elas não são emocionalmente sãs, esses relacionamentos as ajudam a se sentir imprescindíveis e, também, amadas. Porém, infelizmente, aqueles que "se entregam" costumam atrair indivíduos que só sabem "receber", o que faz com que a pessoa superprotetora se sinta explorada ou usada. Quando ela entende seu papel na configuração dessa dinâmica prejudicial, pode aprender a identificar os sinais de alerta antes de o estrago ocorrer.

Eu me tornei superprotetor e excessivamente prestativo. Durante aquela época dolorosa de transição e crescimento, tive que aprender a gostar do que eu fazia apenas pelo prazer de fazê-lo, sem precisar da aprovação de ninguém. Outro desafio foi conseguir amar incondicionalmente, sem "exigir" ser amado de volta.

A cura é uma escolha

Quando decidi escrever este livro, quis confirmar se a imagem que eu tinha da nossa infância e minha percepção dos fatos eram precisas. Liguei para meu irmão Jim e ele veio me visitar. Nós nos sentamos no jardim, perto do lago, e comparamos nossas impressões sobre os anos que vivemos com nossos pais. Perguntei a Jim por que papai nunca batia tanto nele quanto em mim.

Sem sequer pestanejar, ele respondeu:

– Essa é fácil. A culpa era toda sua. Você tinha medo dele, eu não.

Então Jim me encarou:

– Eu disse a papai que, se ele me batesse de novo, eu o mataria.

Meu irmão é um homem bom, mas nossos pais o afetaram tão profundamente quanto a mim. Contudo, as limitações que ele desenvolveu são diferentes das minhas. Em vez de ter problemas com desempenho e proteção, Jim demonstrava rancor e agressividade, além de ter se tornado defensivo. Hoje ele é um empresário bem-sucedido, mas, como eu e tantas outras pessoas, precisou se esforçar muito para superar algumas questões que marcaram nossa infância.

Naquele dia foi bom poder conversar sobre nosso passado e perceber como cada um de nós havia lidado de forma diferente com as situações, mas ambos tínhamos superado os problemas.

Depois de muito tempo, quando eu já era um homem feito, fui fazer minha visita anual a meus pais. Eles estavam separados e moravam em casas diferentes. Antes de visitar meu pai, eu tinha decidido que, ao sair do carro, não apertaria a mão dele, como sempre fazia, mas o abraçaria. Minha família ainda estava saindo do carro quando meu pai veio na minha direção com a mão estendida – então eu o abracei. Após um tempo que pareceu uma eternidade, eu o soltei e disse que o amava, e o abracei novamente.

Ele havia ficado parado com a mão estendida, esperando que eu a apertasse; mas, no segundo abraço, apoiou a cabeça no meu ombro e chorou.

Naquela noite, meu pai e eu ficamos a sós na sala. Contei a ele quanto me fizera sofrer na infância e como eu desejei que ele me amasse. Ele ficou em silêncio, com a cabeça baixa e as lágrimas escorrendo pelo rosto.

Esse foi o dia em que perdoei meu pai. Choramos juntos e curamos nossas feridas. Anos depois eu o aninharia em meus braços, como se fosse uma criança, pouco antes de ele morrer de câncer. Sou grato por ter tido a oportunidade de perdoá-lo e de curar meu sofrimento.

Nessa época recebi um telefonema da minha mãe, perguntando se minha esposa, Susan, e eu poderíamos ir visitá-la em Houston. Morávamos a apenas duas horas de distância, mas só a víamos uma vez por ano. Nós a levamos para jantar em um bom restaurante e, quando o garçom se afastou para fazer nossos pedidos, mamãe nos olhou com lágrimas nos olhos.

Ela disse numa voz doce:

– Flip, eu queria explicar por que nunca amamos você.

Susan, uma esposa maravilhosa, afagou meu joelho enquanto eu dizia:

– Eu sei o motivo, mãe. Não precisa falar sobre isso.

Mas percebi que minha mãe precisava desabafar e nos contou a história de sua gravidez, que a fez voltar grande parte de sua frustração e raiva contra mim; por isso ela me tratava mal quando eu era criança. Fiquei arrasado ao ouvi-la revelar a história que ela passara a vida toda escondendo. Ela sentia uma vergonha imensa, mas compartilhar a dor conosco lhe tirou um peso dos ombros. Eu segurei a mão dela e disse:

– Agora tudo já passou, mãe. Temos o futuro pela frente.

E assim foi durante cinco anos, até ela falecer também.

As limitações pessoais são assim: são pessoais e nos prejudicam de várias maneiras. Algumas são inatas, outras vêm de experiências que temos na infância e há outras que adquirimos pelo caminho – como quando se dá carona a alguém perigoso –, na estrada imprevisível da vida. Porém não importa de onde vierem as suas, todas têm algo em comum: se você não as identificar e se libertar delas, com certeza impedirão que você alcance seus maiores planos, esperanças e aspirações na vida.

17.

Combinações de limitações pessoais

Acredita-se que o casamento é a maior de todas as parcerias. As pessoas se casam para passar o resto da vida juntas. Do ponto de vista jurídico, elas também se tornam sócias. Juntas, criam os filhos, tomam decisões, compram e vendem, investem, economizam, planejam e compartilham tudo o que pode ser dividido. Mas não é só isso. O casamento é, também, a união definitiva das limitações pessoais dos dois parceiros. Quando me casei com Susan, também me casei com as limitações pessoais dela – e, o que é pior, ela se casou com as minhas.

E é bom que a combinação dê certo. Se tanto eu quanto Susan tivéssemos problemas de falta de autocontrole, estaríamos em maus lençóis. Se eu tivesse determinação e paixão de mais, e ela, de menos, é possível que meu desejo de fazer algo diferente na vida entrasse em conflito com a necessidade dela de que eu chegasse em casa às 17 horas todo dia.

Por sorte (ou talvez porque ambos sabíamos o que queríamos), minha mulher forma comigo a melhor parceria que eu poderia ter. Nossas limitações funcionam em sinergia. Por exemplo, os fortes atributos organizacionais dela ajudam a ambos, apesar da minha tendência à desorganização. Por outro lado, eu sou muito mais empreendedor e não tenho medo de assumir riscos, o que me permite avançar mais depressa e pensar de forma mais abrangente que ela. Meu nível de autocontrole não é tão elevado quanto o de Susan; ela é mais ponderada e precisa de mais informações do que eu antes de tomar decisões. Esses atributos dão certo entre nós por dois motivos. Primeiro, nossos pontos fortes e fracos estão bem equilibrados; segundo, ambos reconhecemos os benefícios que o parceiro traz e desejamos ouvir e aprender um com o outro. Imagine como seria a nossa vida se ambos fôssemos altamente dominantes e precisássemos estar no controle de tudo?

O mesmo princípio se aplica às combinações entre deficiências que existem em cada um. Algumas dão bons resultados, ao passo que outras são desastrosas. A diferença entre "vencedores" e "perdedores" na vida muitas vezes pode ser explicada pelas diversas combinações de limitações.

Por exemplo, o que acontece se alguém tem grande agressividade e um ótimo talento social? Ele será competitivo, mas também se dará muito bem com as pessoas. Ele tem potencial para ser um excelente representante de vendas ou um atleta ou técnico esportivo. Essa combinação pode resultar em um funcionário valioso, cuja competitividade o leva a ser bem-sucedido em tudo o que faz. Como ele também tem boas habilidades sociais, é fácil imaginá-lo se saindo bem em diversas áreas da vida.

Mas o que acontece se eliminarmos um dos traços dessa configuração? Por exemplo, o aspecto da atenção necessária ao bom relacionamento social. Como a pessoa seria nesse caso? Não é difícil imaginarmos alguém como Ivan Boesky, o investidor de Wall Street que aplicou um golpe em centenas de idosos – a maioria mulheres –, acabando com todas as suas economias, mas sempre com um sorriso no rosto. Seu grande talento social deixava as pessoas à vontade com ele, mas sua agressividade e personalidade pouco protetora o levaram a atingir seus objetivos à custa dos demais.

Nossas limitações pessoais sempre se manifestam nos sistemas em que convivemos. Quando as combinações dessas deficiências envolvem as limitações fatais, veremos comportamentos altamente destrutivos.

Aproveito para falar sobre um problema em particular que diz muito sobre a visibilidade das demais limitações de uma pessoa: a falta de autocontrole. O Dr. Chris White, coautor deste livro e nosso diretor científico, gosta de dizer que a falta de autocontrole é um amplificador.

Se uma pessoa combina muita agressividade com pouco autocontrole, este será um amplificador: a agressividade é manifestada por causa da falta de autocontrole. Desse modo, o comportamento agressivo transparece e se torna um problema. Essa não é uma combinação boa.

Por outro lado, a combinação de agressividade com autocontrole é bem diferente. O autocontrole mascara a outra limitação, encobrindo a agressividade e impedindo que ela seja identificada pelos demais.

À medida que pensarmos sobre as combinações de limitações, consideraremos também o efeito do amplificador. A seguir, algumas das combinações mais perigosas.

Vulcão/Rápido no Gatilho

Os tipos de comportamento que irão transparecer são: raiva, impaciência, gritos, críticas, sarcasmo, saídas violentas durante discussões, afrontas, insultos e outros atos abertamente agressivos. É o perfil típico de Mike Tyson, que muitas pessoas têm nos esportes e em outras áreas. Às vezes, Mike participa de lutas de exibição em Las Vegas. Recentemente, em um treino, perguntaram a ele se pretendia voltar a lutar profissionalmente. Sua resposta nos diz mais sobre o que se passa dentro dele do que tudo o que já foi escrito a seu respeito. Mike respondeu: "Para entrar no ringue e lutar profissionalmente, preciso me transformar em outra pessoa. Eu não gosto dessa pessoa e nunca mais quero me transformar nela." Trata-se de uma reflexão profunda e possivelmente da decisão mais sadia que ele poderia ter tomado. Torço para que ele melhore a cada dia.

Ações

Se você apresenta essa combinação, precisa ouvir algo que deveria ter aprendido no ensino fundamental: fique quieto!!! Manter a boca fechada é uma ótima ideia. Enquanto você aprende isso, também pode experimentar avisar às pessoas com as quais costuma ter mais desentendimentos (o cônjuge ou outras) que você precisa fazer algumas pausas com o objetivo de manter o controle das suas emoções, para então poder voltar e terminar a discussão de forma mais apropriada. Informe a essa pessoa que você está se esforçando para conseguir isso, de modo que ela não fique pensando que é a origem do problema quando, na verdade, as origens são sua falta de autocontrole e sua agressividade.

Sei que esses conselhos podem parecer ríspidos, mas eles combinam bem com pessoas resistentes e determinadas. Você sabe o que precisa ser feito e é capaz de fazê-lo. Basta apenas traçar um plano. Aprenda a interromper o conflito, dar uma volta, se acalmar um instante, parar de falar e pensar no seguinte: "Qual é o meu objetivo neste momento?" Se o seu objetivo for magoar a outra pessoa verbal ou fisicamente, então pare e pense nas suas palavras. É isso mesmo que você quer? Ou deseja apenas que ela preste atenção no que você está dizendo? É importante pensar em como você está se expressando. Se quer que as pessoas gostem de você e ouçam o que diz, é preciso ser alguém que elas queiram amar e ouvir. Gritar com elas ou insultá-las nunca fará com que o respeitem e o amem. Elas irão rejeitá-lo, uma vez após a outra. Mude isso hoje mesmo. Vá dar uma volta, mantenha a calma e peça desculpas. O resultado é garantido e fará de você uma pessoa melhor.

Docinho de Coco/Ostra

Identifico essa combinação em muita gente. A pessoa é carinhosa e atenciosa e está sempre tomando conta dos demais. Contudo, sua pouca autoconfiança leva os outros a tirarem vantagem dela, pois ela não sabe se dar valor. Uma integrante da nossa equipe, Frances, é do tipo superprotetora e lutou anos contra a falta de autoconfiança. Seu chefe anterior vivia se aproveitando de suas limitações. Após 12 anos sem conseguir um aumento, apesar de ter um bom desempenho, ela nos procurou para avaliar a possibilidade de vir trabalhar conosco. Frances causou ótima impressão e lhe oferecemos a vaga. Ela é incrível, mas nós não podemos ser os únicos a reconhecer esse fato; Frances também precisava se dar valor. Após aprender a fazer isso, ela se tornou uma pessoa bem diferente.

Essa combinação também é muito comum na dinâmica familiar. Muitas vezes a mãe dá conta de tudo recebendo pouca ajuda dos demais, mas ela também não pede ajuda, pois acredita que essa é sua obrigação. Sua missão é zelar pela felicidade de todos. Porém, ela precisa de mais autoconfiança e equilíbrio para, nesse processo, cuidar melhor de si própria.

Ações

A autoconfiança é um conceito interessante. Para melhorá-la, primeiro você precisa perceber que a imagem que faz de si mesmo não é completa. Quando sua autoconfiança está em baixa, você perceberá uma tendência a enfatizar os aspectos negativos da sua vida muito mais do que os positivos. Talvez você pense: "Se houvesse algo de positivo, eu me lembraria." Não é bem assim. Talvez você tenha deixado de perceber os aspectos positivos da sua vida porque sua visão está obstruída pelos pontos negativos que saltam aos olhos. Identifique algumas tarefas que você sabe executar bem. Escreva-as e deixe-as em um lugar de destaque, como sua mesa de trabalho ou o espelho. O que você tem de especial e que sabe fazer muito bem? Você é um amigo leal e sincero? Há alguma tarefa que execute de maneira excelente no trabalho? Talvez você seja um ótimo pai ou cônjuge, ou trate bem dos animais.

Nas crianças é possível ver a autoconfiança se desenvolvendo. Quando elas percebem que conseguem fazer algo, logo se mostram mais seguras. Observe uma criança que consegue atirar uma pedra mais longe do que atirava antes – ela sai andando cheio de orgulho. O mesmo vale para os adultos. Quando percebemos que executamos bem uma tarefa, nossa autoconfiança aumenta. Não deixe que os aspectos negativos da sua vida o atormentem a ponto de impedir que você reconheça seus talentos.

Rolo Compressor/Vulcão

Essa é uma combinação complicada e quase sempre explosiva. As pessoas assim tendem a atropelar todos à sua volta, causando danos. Se as limitações forem muito intensas, não basta que essas pessoas dominem as demais – elas precisam praticamente destruí-las.

Entretanto, se a grande necessidade de dominação, somada à grande agressividade, for amplificada pela falta de autocontrole, o resultado é alguém notório pelo abuso de poder. Mesmo que a pessoa se saia bem nos negócios, em geral ela tem problemas com relacionamentos pessoais. Os aspectos negativos de seu comportamento também se manifestam na vida profissional, normalmente envolvendo alta rotatividade de funcionários. É fácil identificar pessoas assim. Elas costumam se aproximar de outras iguais a elas. Quando jovens, estão sempre atormentando e agredindo os demais. A menos que seu comportamento seja corrigido, a expectativa de sucesso a longo prazo é muito baixa.

Ações

Os Rolos Compressores e os Vulcões são pessoas interessantes: estouram depressa e raramente se controlam. Se você apresenta tal combinação, esta reflexão o ajudará bastante. Primeiro, entenda que ela faz parte da sua personalidade há muito tempo. Ela não surgiu ontem e não foram as outras pessoas que levaram você a ser assim. Trata-se de um problema que só pertence a você. Portanto, vamos encará-lo.

Antes de mais nada, deixe as pessoas em paz. Permita-lhes dar opiniões e tomar decisões. Você nem sempre está certo, embora se ache o dono da verdade. Se quer estar com a razão, certifique-se de tratar bem os demais, em vez de tentar se impor de forma autoritária. É preciso estabelecer uma meta para que você aprenda a ter autoridade sendo atencioso e tolerante. Seu ponto forte não é ser um bom ouvinte, então você terá que fazer um esforço especial para dar ouvidos ao que os outros dizem.

Agora vejamos o que acontece quando seu lado Vulcão entra em ação. Tente sair para espairecer, informando à outra pessoa que voltará logo. Ou, em uma reunião de trabalho, faça um esforço para relaxar na cadeira e não falar. Um grande amigo meu começou a fazer isso durante as reuniões de diretoria na empresa em que trabalha. Uma pessoa da equipe o deixava muito irritado, o que dificultava bastante essa estratégia, mas ele aprendeu a apoiar as costas na cadeira em vez de se empertigar e demonstrar tensão. Também é bom perceber que, ao "explodir" com os outros nas reuniões, você realmente perde a influência sobre eles. Assim, se deseja ser influente, exerça mais controle sobre seus atos.

Por fim, quando você estourar, volte e peça desculpas à pessoa ou à equipe com a qual se irritou. Ao se desculpar, não diga apenas "Sinto muito", mas peça aos outros que o desculpem, formulando a frase de modo que eles tenham a oportunidade de responder. Isso o ajudará bastante a perceber que você mesmo não quer continuar agindo assim.

À Prova de Balas/Tartaruga

Essa combinação é muito interessante. Recentemente, fui convidado a dar uma palestra em uma grande conferência, com uma plateia formada por milhares de pessoas. Na abertura do encontro, uma jovem de apenas 17 anos, com um talento excepcional para a idade, iria cantar.

Fiquei entusiasmado. Porém, quando a vi ensaiando no palco, tive uma grande decepção. Ela era linda e tinha uma voz incrível, mas não se movia; cantava parada no lugar.

Durante todo o ensaio a jovem ficou na frente do microfone sem mexer os braços nem sorrir, e sequer abriu os olhos. Foi paradoxal observar alguém que parecia não ter vida, mas cuja voz era a mais vivaz que se pode imaginar.

Foi então que a empresária dela me procurou e disse:

– Gostaríamos que você conversasse com ela, para lhe dizer como melhorar. Ela não nos dá ouvidos, mas talvez acate sua opinião.

Após o ensaio, ela se sentou ao meu lado e disse:

– Eu adoro essa música. Acho que ela vai causar impacto amanhã, você não acha?

Era a deixa de que eu precisava.

– É ótima – respondi. – A música é linda e sua voz é perfeita para ela. Posso dar algumas sugestões que talvez ajudem em uma apresentação para um público tão grande?

– Claro, tudo bem.

Então sugeri que ela fizesse contato visual com o público, além de caminhar pelo palco para ganhar mais presença. Também recomendei que usasse mais as mãos ao cantar, de modo a enfatizar sua interpretação. Lembro que essa moça tinha 17 anos e nunca havia se apresentado para um público tão numeroso. Seria perfeitamente compreensível se ela ficasse um pouco nervosa ou intimidada pelo tamanho do lugar.

Nada disso. A jovem cantora tinha enorme autoconfiança e sua mentalidade de Tartaruga não admitia mudanças.

Ela olhou para mim com um sorriso sincero e disse:

– Minha voz transmite tudo isso. Ela é muito boa e eu estou aqui para cantar. Não sou apresentadora. Sou cantora. O melhor que tenho é a voz. Lamento se você não sabe apreciá-la.

Minha nossa! Achei que tinha cutucado uma cascavel. Mais uma vez eu disse gentilmente que a apresentação teria um impacto muito maior se ela usasse mais as mãos e interagisse com o público durante a música.

– Sempre cantei desse jeito e não estaria aqui se não fosse boa, não é mesmo? – Ela não estava sendo agressiva nem hostil; apenas autoconfiante em excesso.

Naquele dia, mais tarde, sua agente me disse que enfrentava o mesmo problema com ela e que tinha esperança de que ela me desse ouvidos.

No dia seguinte, a cerimônia de abertura teve início com um jovem muito talentoso, cujo show entusiasmou o público. Logo todos estavam animados, de pé e cantando com ele. A conferência sobre ensino estava começando com o pé direito! Tudo acontecia depressa; houve outras apresentações e então a moça entrou no palco e começou a cantar. Num instante sentimos a empolgação murchar, e o que eu previa aconteceu. Umas 100 pessoas ou mais decidiram que seria uma boa hora para fazer um intervalo. Sua voz era ótima, mas ela não tinha presença e não estava fazendo nenhum esforço para se conectar à plateia. Sem o entrosamento com a artista, o público não viu motivo para continuar lá.

Pensei que ela ficaria magoada com a reação, mas foi justamente o contrário. Após o espetáculo e o desdém demonstrado pela plateia, ela comentou que a programação não tinha sido bem-feita, porque deveria haver um intervalo após os primeiros 45 minutos. Essa foi sua explicação, embora ela nunca houvesse participado de uma conferência profissional nem tivesse nenhum argumento, exceto o fato de que a reação do público não foi a que ela esperava. O problema não era a programação, mas sua falta de disposição para mudar, agravada pelo excesso de autoconfiança.

Ações

Para ter um desempenho melhor, a jovem cantora precisaria estar disposta a acatar opiniões sinceras. Mas é nesse aspecto que se encontra o problema. Isso não é nada fácil para alguém com uma personalidade À Prova de Balas. O mais provável é que outras decepções a obriguem a dar ouvidos a alguém. Posso dizer que, se sua agente me pedisse que a recomendasse para apresentações em outros eventos, eu declinaria respeitosamente. Mas isso não seria suficiente. É preciso acontecer algo que provoque um choque de realidade para que pessoas desse perfil superem sua autoconfiança excessiva. Quando o "choque" acontecer, ela estará pronta para ouvir outros pontos de vista. Trata-se de uma daquelas limitações que impedem de tal forma o crescimento pessoal que é quase impossível superá-la com uma simples conversa. Os acontecimentos da vida conseguem finalmente fazer a pessoa encarar a realidade, mas esse processo, em geral, é doloroso.

Somos seres complexos e não devemos simplificar os fatores que contribuem com a nossa personalidade. Pessoalmente, deposito minhas maiores esperanças não em "quem nós somos", mas em "quem podemos ser".

Crítico/Catatônico

Vejamos outra combinação interessante. Os Críticos são aqueles que nunca estão felizes com nada. Vivem reclamando e tendem a ser as pessoas mais negativas de todos os círculos. Atormentam os demais e é difícil conviver com eles: as crianças os evitam e os adultos frequentemente "se esquecem" de chamá-los para festas ou eventos sociais que incluam "diversão".

Já os Catatônicos são aqueles que têm muito pouca determinação – é preciso tomar seu pulso periodicamente para ter certeza de que ainda estão vivos! Eles não demonstram entusiasmo pela vida nem têm iniciativa – se cansam só de *ver* as coisas acontecerem. Dá para imaginar como seria um Crítico Catatônico?

Há alguns anos, eu estava viajando com um amigo e incluímos na programação uma visita a um conhecido dele durante o fim de semana. Quando chegamos à casa desse sujeito, ele estava gritando, num tom agressivo, com um dos filhos. Eu me senti desconfortável ao sair do carro e deparar com essa cena. Mas ele não. Parecia bem à vontade gritando com o filho na frente de casa. Não interrompeu a bronca e nem sequer acenou para nós, se apresentou ou foi receber seu amigo, que estava do meu lado. Apenas se dirigiu aos fundos da casa. "Maravilha", pensei. "Um fim de semana todinho desse jeito."

Quando entramos na casa, a esposa dele mostrou ser o oposto. Ela nos recebeu com muito carinho, um largo sorriso e uma cozinha movimentada, onde estava preparando um banquete para o jantar. Que diferença! Então o Crítico reapareceu. Suas primeiras palavras foram:

– Quando sai o jantar?

Só então ele veio até nós, conversou um pouco com o amigo e me cumprimentou. No íntimo, eu estava torcendo para ouvi-lo dizer que tinha outros planos para o fim de semana.

As 48 horas restantes na companhia dele não desmentiram a primeira impressão que tive. Ele infernizou a vida de todos. Saímos para pescar num lindo lago, e o tempo estava ótimo, mas o reclamão não deixou de se queixar. Pegamos alguns peixes que, segundo ele, não estavam "tão bons quanto da última vez". A mulher dele era uma cozinheira de mão-cheia e comemos muito bem, mas, para ele, a torta de nozes não estava das melhores. Nós nos divertimos com as crianças, embora ele dissesse que elas eram umas idiotas. Nada estava bom para ele. Desde o instante em que saímos do carro até o momento de partirmos, ele só teve motivos para reclamar.

Contou-nos que passava o dia todo no emprego sentado observando monitores. Há quem se orgulhe de realizar bem essa tarefa. Mas é claro que esse não era o caso do reclamão. Ele passa o dia lendo livros e revistas.

– Se acontecer algo errado na fábrica, os alarmes e as luzes vão me informar. Não preciso passar o dia todo olhando para os monitores feito um idiota.

Esses comentários resumiam bem sua atitude com relação ao trabalho, e ele enfatizou que jamais deixaria que seus chefes tirassem vantagem dele. Desempenhava a mesma tarefa havia 12 anos. Sua personalidade de Catatônico o impedia de procurar algo melhor, embora seu lado Crítico o impedisse de gostar do emprego.

Era a esposa que carregava os maiores fardos em casa e no trabalho. Obviamente, era ela que tinha talento e motivação na família. Os filhos fugiam dele como se fosse uma peste. Ele nunca gostava de nada. Nada dava certo em torno dele. Tudo estava errado e ele nunca perdia a oportunidade de criticar as pessoas. Não que ele *fizesse* algo a respeito; apenas apontava os defeitos, caso os demais não tivessem reparado.

A versão feminina é igualmente difícil. Já vi muitas mulheres caírem nessa armadilha à medida que vão se sentindo desiludidas. Em alguns casos, as oportunidades de crescer e se sentir realizada já haviam passado – elas nunca trabalharam fora ou tiveram um emprego de que não gostavam, mas precisavam do dinheiro. Quando os filhos crescem, elas não podem mais usar as tarefas e responsabilidades maternas como justificativa. Desiludindo-se cada vez mais com a própria vida, veem todas as outras mulheres se realizando – o que só aumenta o ressentimento. Com o tempo vem a amargura, que distorce ainda mais a experiência cotidiana. Elas se tornam reclamonas crônicas e não conseguem perceber o sentido de sua vida, o que afeta todos os seus relacionamentos. Certo dia, descobrem que se tornaram Críticas e Catatônicas – elas acreditam que sua vida não tem sentido e que não são capazes de mudar.

Mas tudo isso não começou nesse dia. Foi acontecendo com o tempo e, quando caíram em si, sua infelicidade as havia transformado em pessoas que afastam as demais, o que não é algo bom de se constatar 20 anos depois.

Confesso minha fraqueza humana: sou igual à maioria das pessoas quando há gente assim por perto, por isso prefiro manter distância. São tão negativas e difíceis que magoam os outros. Em especial, tratam mal as crianças, o que não é nada bonito de se ver. E, se tentamos interferir, geralmente acabamos afogados em sua fonte inesgotável de problemas.

Ações

Em primeiro lugar, se você for assim, *precisa mudar*. Pense no reclamão crônico sobre o qual falei. Ele tinha uma família ótima, mas só sabia reclamar. Satisfazia-se menosprezando e rindo dos demais em função das fraquezas que ele imaginava que tinham. Você quer estar do lado de alguém assim, sendo incapaz de perceber o que os outros pensam de você e seu jeito de ser? Você realmente se sente feliz por ser assim?

Em segundo lugar, é preciso se desculpar. Você magoou e decepcionou os que estão à sua volta. Eu observei bem de perto um parente meu fazendo isso. Felizmente, ele acabou se dando conta da destruição que estava causando e decidiu mudar. Procurou a esposa e lhe pediu perdão. Fez o mesmo com as filhas, e choraram juntos. Pela primeira vez na vida, *ele* chorou. Chorou por toda a dor que havia causado e pelo tempo que perdera quando podia ter levado uma vida mais significativa. Foi um importante momento de cura e conexão.

Mas o processo não parou aí. Ele se comprometeu a mudar e pediu ajuda. Eu o orientei nesse processo e todos combinamos que, toda vez que ele recaísse nos hábitos de antes, a família o alertaria. Se ele começasse a reclamar de algo ou alguém, elas olhariam para ele e diriam: "Você acha isso bom?" – era a deixa para que ele mudasse a atitude e as palavras. Nas primeiras semanas, parecia um quadro de comédia. Ele ficou pasmo ao constatar quanto reclamava. Com o tempo, a frustração se transformou em raiva, que se transformou no firme propósito de ser um homem melhor. Levou dois anos até alcançar o objetivo.

O lado Catatônico da equação impõe desafios ao processo de mudança. Em casa, o Catatônico costuma dizer a todos o que devem fazer, mas ele próprio não faz nada. Está tão acostumado a ter um desempenho ruim que isso se torna uma rotina. Não ajuda a lavar a louça, não ajuda com os filhos, não ajuda nos projetos – simplesmente não ajuda em nada. Quando decide colaborar em algo, faz pela metade e, ainda assim, com atraso.

Olhe à sua volta. Em vez de observar como todos os demais poderiam melhorar, escolha algo que precise ser feito e faça você mesmo. Você se surpreenderá ao sentir a diferença.

Se você for mulher, já tiver criado os filhos e agora tiver mais tempo livre, perceba e aproveite o presente que ganhou. Não espere que alguém a chame – pegue *você* mesma o telefone. Recentemente, uma senhora estava reclamando para mim sobre sua solidão e seu tédio, então perguntei o que ela estava fazendo para mudar essa situação. Ela logo respondeu: "Ninguém tem tempo para me ajudar a mudar." Atitude errada. A vida é sua – é você que deve tomar a iniciativa. Se precisa de ajuda para começar, dê alguns telefonemas até achar um lugar que aprecie seu talento. Acredite: há muita coisa para se fazer neste mundo. Escolha uma e você aprenderá a se realizar.

Você pode fazer a diferença. Porém, a primeira diferença que precisa fazer é em si mesmo. Esse é um ótimo ponto de partida, e você nem precisa sair de casa para dar início a esse projeto.

18.

A Superação das Limitações Pessoais começa em casa

Em minha carreira, me dediquei muito a orientar empresas e escolas na aplicação dos princípios da Superação das Limitações Pessoais para ajudar funcionários e estudantes a identificar e superar seus principais obstáculos à realização.

Ainda assim, a oportunidade de estabelecer as melhores bases para a Superação das Limitações Pessoais começa em casa. Por quê? Porque é em casa que nossas deficiências são mais óbvias. Se uma pessoa demonstra agressividade no trabalho, pode apostar que é bem mais agressiva em casa. As dificuldades comportamentais com as quais não lidamos corretamente ao longo da vida transparecem em casa, mesmo que sejamos capazes de camuflá-las em público. Algumas dessas limitações ocultas são ainda mais devastadoras quando surgem em situações que envolvem parentes ou as pessoas mais importantes de nossa vida.

Em casa, mostramos muito mais quem somos do que em qualquer outro lugar. Minha mulher, Susan, às vezes me diz: "Você jamais faria isso em público." Confesso que ela está certa. Passo a maior parte do tempo consciente de como preciso agir em público e observando que todos, da minha equipe aos meus clientes, precisam se comportar melhor e ser modelos consistentes dos princípios que eu ensino. Minha casa é onde eu relaxo.

Mas minhas limitações ficam mais evidentes quando estou com minha família. Felizmente, as observações da minha mulher são vitais. O que Susan diz é mais do que apenas uma opinião – é a bússola que indica a direção correta e me ajuda a ser a pessoa que eu quero e preciso ser. Ela é sempre sincera comigo e não tem reservas – é esse tipo de apoio, aliado a seu amor e incentivo, que me ajuda a crescer. Os homens casados estão em vantagem. Não é de surpreender que eles vivam mais do que os solteiros. Quando vemos o índice de divórcios e o nível de insatisfação conjugal dos dias de hoje, temos a impressão de que não é bem assim, mas os estudos apontam os benefícios do casamento, e uma boa união não se descarta facilmente. É nas trocas diárias dos relacionamentos íntimos e sinceros que de fato evoluímos.

O dom da mudança

Quando meu primeiro filho nasceu, fiz o gesto mais importante da minha vida como pai e, talvez, como homem. No dia em que trouxemos Matthew da maternidade para casa, eu o acomodei em seu berço e cuidei de sua mãe.

Estava felicíssimo por finalmente ter um filho, mas tinha consciência de que havia alguns aspectos na minha vida que não fariam de mim um bom pai. Eu sabia que precisava mudar. Naquela noite, quando a mãe dele estava dormindo, eu o tirei do berço e o levei para o quintal. Ali, sob uma bela noite estrelada, me sentei na grama com ele, levantei sua blusinha e observei como ele era pequeno. Então, pus a mão sobre seu peito minúsculo e disse:

– Matthew, prometo a você que vou mudar tudo o que for necessário na minha vida para que eu possa ser o pai de que você precisa. Eu me comprometo a fazer isso para que o destino que tem pela frente se torne realidade. Eu te amo mais do que a mim mesmo.

Em seguida eu o levei para dentro. Peguei meu diário e descrevi o tipo de homem que gostaria que ele se tornasse. E foi fácil: um homem íntegro, com a coragem de lutar pelo que acredita ser certo, uma pessoa leal e com princípios, e alguém que saiba manter a palavra. Eu queria que ele tivesse caráter e iniciativa, e que metesse a mão na massa sem esperar que alguém lhe dissesse o que fazer. Elaborar essa lista foi fácil.

A próxima foi difícil. Anotei tudo o que *eu* precisava mudar para que ele pudesse se tornar esse homem. Quando criança, eu sempre reprimia meus sentimentos, assim como muitos meninos. Na idade adulta, precisei me esforçar para conseguir expressá-los. Às vezes eles saíam na forma de palavras zangadas, outras vezes ficavam presos. Porém, talvez a maior dificuldade fosse minha insegurança. Eu não tolerava estar errado, pois isso significaria falta de inteligência, o que não era aceitável. Eu discutia os detalhes mais ínfimos e falava demais, sem dar ouvidos aos outros, quando na verdade precisaria prestar mais atenção a eles. Eu me dava bem com as pessoas e era socialmente bem-sucedido; se não fosse assim, meus problemas me teriam exposto como alguém pouco afável. Acrescentando a essa mistura minha grande determinação e intensidade, o quadro não era dos melhores. Eu precisava mudar. Sabia que, se permitisse que algumas dessas limitações permanecessem na minha vida, Matthew seria influenciado por elas e talvez ficasse fadado a replicá-las, o que não era o melhor que eu podia desejar para meu filho. Ainda guardo essas listas e muitas vezes penso nelas. Felizmente, as deficiências que eu enfrento agora não são as mesmas daquela época.

Fiz essa promessa a ele e a repeti a cada aniversário seu desde aquela noite. Fiz o mesmo com o irmão dele, Micah, na noite em que ele nasceu, e repeti a mesma promessa para as outras crianças que eu e Susan criamos.

Ano passado, Matthew, a mulher, Heather, e seus filhos foram à minha casa para comemorar o aniversário dele. À noite, ele e eu fomos para o quintal. Sentei-me ao lado dele a fim de fazer a mesma promessa que renovava sempre, havia 30 anos. Então ele me perguntou:

– Pai, o que você acha do resultado dos seus esforços?

Não consegui me segurar. Comecei a chorar e disse a Matthew quanto eu me orgulhava do pai, marido e profissional que ele tinha se tornado. Ele olhou para mim e disse:

– Pai, eu não estava falando de mim. Não era você que precisava mudar?

Nós rimos e eu quase dei um cascudo nele por me pregar essa peça, mas vou me lembrar sempre desse dia.

Qual é a chave de todo esse processo? Acredito que foi eu ter percebido que algumas questões são mais importantes do que outras, e devemos dar a devida atenção a elas. E também que, se esses itens *não* receberem a atenção que merecem, a perda resultante é potencialmente devastadora.

Antes de Matthew nascer, eu me considerava uma pessoa de fácil convivência. Depois percebi que não gostava de esperar os outros – quando estava pronto para algo, *eu realmente estava pronto*. Mas não é assim que funciona com uma criança de 1 ano, nem com uma de 10 ou de 16 anos. Tive bastante tempo para compreender plenamente que o mundo não girava à minha volta. Precisei aprender a lidar com a minha impaciência e a deixar de lado minha programação para dar atenção à questão mais importante: a criação de Matthew.

Deixe-me dar um exemplo. Eu gosto de chegar em casa, ler o jornal e relaxar um pouco antes de ajudar Susan a preparar o jantar e lavar a louça. Mas que fazer quando se chega em casa e os meninos querem jogar bola com você? Simples: você joga bola. Se estiver lendo o jornal, você interrompe a leitura e vai se trocar para jogar bola. E se os garotos começarem a brigar e alguém precisar controlá-los quando você está lendo o jornal? Você larga o jornal, vai apartar a briga e, de quebra, controla seu próprio temperamento.

Ao nos tornarmos pais, nós mudamos. Se não mudarmos, não estamos sendo pais – continuamos agindo como se fôssemos solteiros, só que agora há crianças em volta que se comportam de uma forma muito parecida com a nossa. Muita gente não educa bem os filhos porque se recusa a encarar primeiro seus próprios defeitos. Pais egoístas não fazem as mudanças necessárias para ajudar os filhos a começarem bem a vida.

Eu sabia que minhas decisões afetariam minha família de várias maneiras. A jornada começou com uma promessa entre mim e meus filhos. Eu precisava mudar e lidar com problemas específicos de personalidade e decidi levar isso a cabo.

As crianças nos obrigam a expor nossas limitações. Podemos passar parte da vida acreditando que somos ótimos, mas basta termos uma criança por perto para percebermos quanto somos autocentrados. A questão é que as crianças também são egoístas. Certa vez, um pai me disse: "Eu sou o adulto aqui. Eu devo ter prioridade. Eu pago as contas; ele que espere até ganhar o dinheiro *dele*." Mas é claro que, após reclamar, foi dar atenção ao filho e fazer o que precisava ser feito.

O fato é que as pessoas nascem egoístas e, ao crescerem, precisam de um motivo para serem diferentes. O meu foram meus filhos. Gostaria de poder dizer que mudei por outras razões, como por minha mulher ou por meu desejo de crescimento pessoal, mas a verdade é que só quando meus filhos nasceram é que percebi que eles dependiam de mim para *tudo* na vida e, se eu não me saísse bem na tarefa de criá-los, eles pagariam por isso.

Aprendizado no abrigo

É possível ensinar as pessoas a viver em sociedade? É claro que sim. Todas as mães tentam educar os filhos transmitindo algumas noções básicas de civilidade, como não beber leite direto da embalagem e usar os talheres corretamente à mesa. O comportamento social pode ser – e é – ensinado facilmente. A maioria de nós aprende muitas coisas bem cedo. Estou me referindo ao fundamental: andar vestido em público, mastigar com a boca fechada e não pegar os alimentos com as mãos. Esses ensinamentos são cruciais para alcançar o sucesso profissional e sem dúvida diferenciam as pessoas que os dominam bem e as que não.

Então, de fato, é possível ensinar as pessoas a viver em sociedade. Mas é possível lhes ensinar empatia e amabilidade? As respostas são sim e talvez. Embora os dados sobre o ensino de empatia a adultos sejam frustrantes, certamente é possível – e essencial – ensinar essa característica às crianças.

Quando meus filhos tinham 10 e 12 anos, certa vez eu lhes disse que faríamos um passeio especial, em vez de irmos, como de costume, à fazenda para trabalhar no campo. Acordamos às 6h30, nos vestimos e fomos para a cidade de Bryan, no Texas. Estacionei o carro a vários quarteirões do abrigo para os mais necessitados da cidade e expliquei a Matthew e Micah qual seria nossa expectativa ao passar o dia lá. Eu disse que pediria comida para nós e que nenhum dos dois devia dizer meu nome, pois eu era conhecido na cidade. Usaríamos meu nome verdadeiro, Menville – que eu nunca utilizo –, e torceríamos para receber uma refeição.

Com o chapéu na mão e a cabeça baixa, entrei na recepção do abrigo e pedi comida para meus filhos. A atendente foi gentil e atenciosa. Perguntou se precisávamos de mais alguma coisa e eu respondi:

– Só quero que meus filhos recebam algo para comer.

Ela nos deu três vales-refeição. Agradeci e fomos para o lado de fora da lanchonete, esperar que abrisse. Ela ficava no canto da parte principal do abrigo, localizado em uma região humilde do centro da cidade, e muitas construções ao seu redor estavam em péssimo estado. A área em torno da lanchonete estava limpa, mas claramente fora construída havia anos.

Enquanto estávamos ali, algumas pessoas começaram a se reunir na entrada. Havia todo tipo de gente, mas a maioria era pobre e tinha problemas de saúde. Havia mulheres que tinham bebido demais na noite anterior e homens que mal sabiam onde estavam. A maioria não aparentava muito asseio e tinha problemas mentais de leves a graves, que os afetavam de diversas maneiras. Um dos homens, na faixa dos 60 anos, tinha um nariz grande e mãos fortes e calejadas de quem havia trabalhado duro. Uma massa grande na nuca, semelhante a um tumor, acentuava sua aparência estranha. Meu filho mais novo, Micah, não conseguia deixar de olhar para ele. Matthew o cutucava e lhe dizia que não olhasse, mas o caçula não se continha.

Após um tempo, as portas se abriram e o grupo começou a entrar na lanchonete. Em algumas das mesas havia bancos compridos e, em outras, cadeiras. Ficamos em fila, esperando que nos servissem. O homem que abrira as portas começou a gritar instruções referentes à ordem de chegada e nos mandou tirar o chapéu, justificando que aquilo ali não era um chiqueiro. Em seguida, disse:

– Agora vamos orar.

Que contraditório!

Chegou a nossa vez e a comida parecia boa; os meninos estavam com fome. Micah pegou o prato e foi até uma mesa com um letreiro que informava "Reservado para famílias". Não havia nenhuma outra criança na lanchonete. Quando ele sentou, o homem que havia gritado instruções e feito a oração se aproximou e disse bem alto:

– Por acaso isto é uma família? Não estou vendo nenhuma mãe. Esta mesa está reservada.

Micah ficou claramente constrangido. Pegou a bandeja e foi procurar outro lugar para se sentar. O único que havia era ao lado do homem narigudo com o tumor na nuca, que convidou Micah a se sentar ali e se ofereceu para cortar a carne, se ele precisasse de ajuda. Ficaram conversando enquanto Matthew e eu, sentados na frente deles, falávamos com outras pessoas. Nesse dia, os meninos adquiriram outra perspectiva da vida.

Após o café da manhã, passamos algumas horas conversando com várias pessoas; depois, aproveitando o sol, saímos andando pela rua e nos sentamos na calçada. Perguntei aos meus filhos:

– O que aprendemos hoje?

Nunca vou me esquecer da resposta de Micah, que me lançou um olhar intenso e respondeu:

– Papai, eu nunca tinha visto você sem exercer nenhum poder. Você está sempre cuidando de tudo, mas hoje não estava, e isso me assustou. Você ficou lá parado, segurando o chapéu e implorando por comida para nós.

Matthew também refletiu sobre alguns pontos:

– Papai, o que aconteceu com aquelas pessoas? Por que elas foram parar lá? Muitas delas têm problemas de verdade.

A semente da mudança

Ficamos conversando sobre isso. Aquelas eram pessoas más ou será que coisas muito ruins aconteceram com elas? Refletimos sobre o que ocorre quando se perde o emprego e não se consegue outro, ou como seria ter filhos para alimentar quando não se ganha dinheiro. Os meninos aprenderam que os problemas da vida não tornam as pessoas más e concordamos que o homem do tumor era muito simpático, ainda que à primeira vista sua aparência nos assustasse um pouco. O mais importante é que a "pergunta de ouro" surgiu nessa discussão:

Não teríamos como ajudá-los de alguma maneira?

Nesse dia meus filhos entenderam o que é empatia. Aprenderam que ser gentil é um bom começo, mas que, se não vierem acompanhadas de alguma ação, as palavras se tornam vazias. Aquele momento os marcou muito e ambos se tornaram pessoas melhores graças a essa experiência. Algumas pessoas têm dificuldade em desenvolver esses sentimentos, pois não conseguem se identificar com a dor alheia. Por diversos motivos, ficaram fechadas e se distanciaram dos demais. Em geral, isso acontece quando alguém não tem um vínculo profundo com outra pessoa desde cedo ou quando sofre um trauma na infância e se torna incapaz de se preocupar com outra pessoa além de si próprio.

Empatia demais, entretanto, também traz alguns problemas. Quando os pais têm muita empatia sem o equilíbrio de outros atributos, tendem a ser permissivos com os filhos. É comum ouvirmos pais superprotetores dizendo frases como "Não é uma gracinha? Menino é assim mesmo, muito ativo, não é? Puxa, como eles têm energia!", quando essas explicações são apenas justificativas para comportamentos inadequados. Atitudes assim tendem a ocultar problemas de caráter que, se não forem encarados, terão repercussões negativas nas interações sociais da criança.

Todos os dias, pais superprotetores negociam com os filhos em supermercados e shoppings e, quase sempre, a criança conquista um prêmio e mais um reforço a favor dessa limitação emergente. *Não* deixou de significar *não*, assim como *pare* não quer mais dizer *pare*. Para os pais empáticos demais, as palavras não têm significado e são empregadas sem nenhuma consequência, até que a criança deixa de dar atenção às ameaças vazias.

Chiliques do parquinho à diretoria

Não é de estranhar que uma das limitações mais frequentes em casa sejam os acessos de raiva. Como eles surgem? Por que continuamos tendo dificuldade em controlar nosso temperamento na idade adulta, quando devíamos ter aprendido isso na adolescência? De onde vêm esses problemas e por que eles continuam a se manifestar?

Os problemas pertinentes a cada idade precisam ser abordados nas diversas etapas da vida. Mas o que acontece quando certas questões relativas à idade *não* são resolvidas no período adequado? *Os problemas não desaparecem simplesmente porque envelhecemos.* Eles continuam a se manifestar e se tornam mais prejudiciais com a idade, até que tomemos alguma providência. Às vezes aprendemos a ocultar algumas questões e a conviver com elas durante anos, mas em algum momento essas limitações virão à tona. Esse é o caso da agressividade. A raiva não vai embora; fica adormecida e explode nos momentos mais inapropriados.

E o pior é que muitas vezes essa falta de controle dá certo. É como a criança que teima em não fazer o dever na sala de aula e acaba sendo mandada para a diretoria. Dessa maneira, o truque funciona! Deu certo na escola, assim como deu certo em casa. A criança faz um escândalo, briga e é mandada para o quarto, em vez de ter que terminar de lavar a louça. A agressividade dá resultado. Em pouco tempo, ela percebe que pode se livrar das mais diversas situações dando um chilique monumental, com gritos, chutes e choradeira. Quando crescem, continuam fazendo aquilo que sempre deu certo. Certamente você pensará em um chefe ou um colega de trabalho, ou talvez um parente que mantém o controle das pessoas ou das situações por meio de intimidação ou de sua reputação de ser estourado.

Eu acho normal uma criança dar um chilique. Ela tem toda a razão. *A vida é dura e eu não gosto do que está acontecendo comigo. Eu estava muito tranquilo, protegido dentro do útero e cuidando da minha vida, quando de repente um médico me arranca dali, me segura de cabeça para baixo, me bate e me passa de mão em mão.*

Por que as crianças estariam contentes? Para piorar a situação, queremos que elas retirem o prato da mesa, deem comida ao cachorro e arrumem o quarto antes de deixarmos que assistam ao seu desenho animado favorito.

Ser pai não é nada fácil e não temos a chance de começar de novo, então é bom acertarmos de primeira. Mas o que acontece quando os pais *não* acertam e a criança aprende que basta dar um chilique para que as pessoas façam exatamente o que ela quer – sair de perto dela ou se esforçar para satisfazê-la? Quanto mais velha, maior é o problema. Para todos os envolvidos, é muito mais fácil encarar a agressividade quando ela ainda usa fraldas do que esperá-la amadurecer e ganhar a forma de abuso doméstico, direção agressiva ou crime passional.

Criando hábitos para toda a vida

As finanças são um dos três maiores campos de batalha conjugais (além do sexo e do equilíbrio entre emprego e família, de acordo com o Centro de Pesquisa sobre Casamento e Família), porém muitas vezes ignoramos a importância de ensinar as crianças a lidar com dinheiro desde cedo.

Um dos nossos filhos, John, fez o que muitos jovens fazem quando arranjam o primeiro emprego: torrou todo o dinheiro que recebeu. John não pensava muito no futuro nem na melhor forma de gastar o salário. Era bom aluno, mas em matéria de finanças não sabia guardar um centavo.

Ele comprou uma picape e começou a incrementá-la com todos os apetrechos possíveis. Adquiriu um conjunto de caixas de som, que ocupou todo o espaço do banco de trás, e mudou o piso. Depois instalou um aparelho de som suficiente para atender uma cidade pequena. Ao fim do verão, ele estava sem dinheiro. Quando perguntei o que havia feito com o que ganhou, John respondeu:

– Não sei. Não fiz nada de muito especial.

Que bom. Ao menos ele se deu conta disso.

– Qual é a limitação que está afetando suas finanças?

Ele pensou bastante e constatou que era sua impulsividade na hora de tomar decisões, o que também afetava várias áreas de sua vida. Eu lancei um desafio:

– John, você consegue fazer alguma mudança para que isso não o prejudique mais?

Ele me deu uma resposta positiva:

– Consigo, sim.

Nesse dia, fizemos um plano para que ele aprendesse a controlar essa limitação pessoal. John concordou em não fazer nenhuma compra de forma impulsiva e em reservar uma porcentagem de cada salário. Era um plano simples, mas que teve um efeito profundo nele e em seu futuro.

Seis meses depois, tivemos outra conversa sobre dinheiro – dessa vez, sobre o que fazer com os US$ 4.500 que ele havia economizado. O orgulho pelo seu autocontrole e uma visão entusiasta do futuro substituíram aquela atitude vaga de "Não sei bem para onde estou indo". Além disso, John comentou, sorrindo:

– Não quero que meus amigos saibam quanto dinheiro eu tenho, senão vão me pedir emprestado!

Uma limitação pessoal a menos para John – e, ao longo da vida, talvez centenas de milhares de dólares a mais graças à superação dessa limitação. Infelizmente, muita gente se recusa a encarar o problema do consumismo. Enquanto você não parar de evitar essa tarefa difícil porém necessária, nunca alcançará o sucesso completo. Continuará preso onde sempre esteve, enquanto outras pessoas que superaram essa dificuldade alcançam cada vez mais progresso. E você, onde está? Está empacado ou está avançando?

19.

A Superação das Limitações Pessoais no trabalho

No capítulo anterior, falamos do impacto das limitações pessoais em casa e de como lidar com elas. Mas, como você sabe, elas não estão restritas à esfera doméstica; nos acompanham a todos os lugares, embora costumem afetar mais uma área que outra. Eu penso que são particularmente interessantes no mundo empresarial. Nossas pesquisas identificaram padrões bem consistentes em diferentes grupos de profissionais.

Os empreendedores são um tipo interessante. Não digo isso por vaidade, já que me considero um deles, mas porque ao longo dos anos conheci pessoas fascinantes que não tinham medo de correr riscos para alcançar seus objetivos. Eu também criei filhos que são empreendedores típicos.

Os empreendedores são dotados de traços básicos de personalidade que podem levá-los ao sucesso ou ao fracasso total. Por exemplo, a maioria deles é otimista. Caso contrário, não acreditariam nas próprias ideias a ponto de levá-las adiante. Quando aderem a uma boa ideia, têm certeza de que podem ser – e serão – bem-sucedidos, avançando mesmo com pouco apoio, à custa de grandes sacrifícios pessoais.

Perfis empreendedores

Confiança também é algo que não falta aos empreendedores. Lembro-me de um jovem que tinha *certeza* de que seria capaz de construir e administrar uma torre de bungee-jump, ainda que nunca tivesse tido experiência semelhante. Mas Jake adorava fazer bungee-jump e estava determinado a abrir a empresa. Arrecadou capital, construiu a torre e deu o primeiro salto. A notícia ruim é que o elástico estava comprido demais – a confiança excessiva de Jake se sobrepôs à sua capacidade de estudar melhor o assunto. A notícia boa é que ele saltou sobre o rio Guadalupe, no Texas. Não se afogou, mas viu mais peixes do que gostaria.

O excesso de confiança pode convencer as pessoas de que são capazes de realizar algo, mesmo sem nenhuma experiência prévia no assunto. Mas isto se torna um problema grave quando associado a outras limitações. Muito otimismo e autoconfiança elevada se aplicam à maioria dos empreendedores, mas e se adicionarmos baixa persistência a essa combinação?

Os empreendedores com baixa persistência não conseguem permanecer nos projetos quando as decisões requerem atenção constante. Pessoas assim estão sempre procurando o próximo grande negócio e delegando a administração dos projetos a terceiros – o que, na verdade, é uma forma educada de dizer que perderam o interesse no funcionamento cotidiano da empresa. A maneira mais fácil de perceber se estamos diante de alguém assim é ver seu currículo. Como é seu histórico em empregos ou empreitadas anteriores? Ele permaneceu nas empresas períodos razoáveis ou saltou de cargo em cargo? Aumentar a persistência o ajudará a ganhar mais credibilidade, expandir as oportunidades e melhorar o currículo.

Gêngis Khan e a Enron

O próprio nome enchia de medo aqueles que o ouviam. Nações inteiras fugiam perante seu domínio e terror. O grande Khan governou entre 1165 e 1227 d.C. e seu legado foi tal que até hoje o nome evoca imagens de morte, destruição e horror. A revista *National Geographic* descreve seu domínio assim: "Seu ímpeto e carisma atraíram seguidores de toda a região e ele subjugou uma tribo rival após outra."

Gêngis Khan era o líder a ser seguido. Era carismático e atraía para seu lado os melhores guerreiros. Os que melhor dominavam as artes da guerra o seguiam, desejando acima de tudo estar associados a ele em suas viagens, ajudando-o a alcançar as conquistas heroicas que lhe deram fama. Aqueles que mais contribuíam para as vitórias eram recompensados com os espólios de guerra: mulheres, riquezas e escravos. Os homens de Khan obtiveram grandes fortunas pessoais graças às batalhas vencidas durante seu domínio. Na verdade, mesmo para aquela época, a história relata que o nível de destruição era inacreditável.

Abrindo caminho pela Ásia Central a golpes de espada, Gêngis derrota as principais cidades do reino do xá Muhammad. Até mesmo Samarcanda, a capital, se rende aos mongóis. O mesmo acontece com Bucara, metrópole localizada no atual Uzbequistão. Gêngis era impiedoso. "Eu sou o flagelo de Deus", teria declarado ele, segundo um historiador muçulmano. "Se vocês não tivessem cometido pecados graves, Deus não teria me enviado como castigo sobre vocês." Uma testemunha tinha uma opinião menos brilhante: "Eles chegavam, destruíam, queimavam, saqueavam e partiam."

Observemos brevemente a personalidade de Gêngis Khan. Primeiro, podemos afirmar que ele certamente *não* era Catatônico – era um visionário determinado a controlar a maior parcela do mundo que fosse capaz de ocupar.

Segundo, era À Prova de Balas – sua enorme autoconfiança o levou até a posição de líder máximo no mundo daquela época.

Terceiro, era um Rolo Compressor que atropelava tudo o que estivesse em seu caminho.

Quarto, podemos afirmar que era um Iceberg, pois demonstrava pouca consideração pelos demais.

A todas essas limitações adicionemos a falta de uma das grandes forças que guiam a civilização: o respeito às normas. O que acontece quando alguém não segue as normas? Ou quando escreve suas próprias leis? O que ocorre se não houver ninguém para garantir que as regras serão cumpridas? O resultado é um déspota que dominará quem quiser, da maneira que quiser. Eis o ancestral do despotismo corporativo.

Gêngis Khan dominou o mundo por meio da tirania, e aqueles que desejavam prosperar o procuravam para lhe prestar homenagens. Há algum Khan nos dias de hoje? Jeff Skilling, responsável pelo desastre da Enron, não fica muito atrás. *Quanto maiores as limitações pessoais dos líderes, maior será o impacto na organização.* Um artigo da revista *Business Week* nos permite refletir sobre as limitações pessoais de Skilling: "A cada ano, contratava cerca de 250 jovens com MBA, todos afoitos por demonstrar que também eram capazes de tirar a sorte grande. Nos arredores de Houston, o Porsche passou a ser associado à Enron." Um ex-executivo da empresa confirmou as táticas empregadas por Skilling para construir seu império, como comprar a lealdade dos funcionários com dinheiro. Outros relembram seu desdém pelas grandes corporações tradicionais, certa vez comparando a ExxonMobil com um desajeitado "navio de sete mastros", em oposição às atividades mais "eficientes" da Enron.

Já viu alguma semelhança? Basta substituirmos algumas palavras e vermos como fica:

Jeff Skilling era o líder a ser seguido. Era carismático e atraía para seu lado os melhores executivos. Os que melhor dominavam as artes dos negócios o seguiam, desejando acima de tudo estar associados a ele em suas viagens, ajudando-o a alcançar as conquistas heroicas que lhe deram fama. Aqueles que mais contribuíam para as vitórias eram recompensados com os espólios de guerra: mulheres, riquezas e subalternos. Os executivos de Skilling obtiveram grandes fortunas pessoais graças às batalhas vencidas durante seu domínio. Na verdade, mesmo para essa época, a história relata que o nível de destruição foi inacreditável.

A cena lhe parece familiar? As limitações pessoais que transparecem na vida de Gêngis Khan são as mesmas que podemos identificar em Jeff Skilling. Altíssima determinação para alcançar suas metas, autoconfiança elevada, caráter não muito protetor e pouco respeito às normas são traços comuns a ambos. A imagem de Skilling pintada por seus associados e pelo que foi apurado após a ruína é assustadora. Cito mais um trecho da *National Geographic* sobre o grande Khan: "E ele arrasava seus inimigos sem nenhum senso de culpa ou remorso."

Durante o depoimento de Skilling em uma investigação conduzida pelo Congresso americano, ele insistiu que não havia feito nada de errado e que não entendia por que estava sendo chamado para se defender. A declaração não coincide com o testemunho de outros funcionários, muitos dos quais estavam em posição de conhecer bem os "bastidores".

Um editorial do *Wall Street Journal* intitulado "Os veredictos da Enron", publicado em 26 de maio de 2006, afirma:

> Enquanto isso, os danos causados por essa fraude são terríveis: dezenas de bilhões de dólares em valor de mercado, US$ 2,1 bilhões em contratos de pensão e 5.600 empregos perdidos no colapso de dezembro de 2001. Cada veredicto contra os réus acarreta a penalidade potencial de pelo menos cinco

anos de detenção, de modo que Skilling e Lay talvez passem mais tempo na prisão do que Fastow, o idealizador da fraude.

Para fins de comparação, o CEO da WorldCom, Bernie Ebbers, está cumprindo pena de 25 anos; John e Timothy Rigas, da Adelphia Cable, 15 e 20 anos, respectivamente; e os dois ex-diretores da Tyco, 25 anos cada um. O Departamento de Justiça dos Estados Unidos e, no caso da Tyco, a Promotoria de Manhattan fizeram um trabalho impressionante. É consenso entre o empresariado que as condenações dos acusados – cerca de 30 só no caso da Enron – surtirão mais efeito na inibição de crimes corporativos no futuro do que qualquer item da Lei Sarbanes-Oxley.

Como muitos outros empresários que se dedicam a afiar seu talento e sua intuição para os negócios sem prestar atenção nas minas terrestres comportamentais ocultas, as limitações pessoais de Skilling fizeram seu império voar pelos ares e o levaram a pagar muito caro. Visto que "nenhuma empresa pode superar as limitações de seus líderes", as deficiências daqueles em posições de liderança acabarão afetando toda a empresa.

Não é minha intenção condenar Jeff Skilling. De fato, ele não é diferente de qualquer outra pessoa que tenha sido enganada por suas limitações. Todos as levamos conosco para o trabalho e depois voltamos com elas para casa. Elas não desaparecem a menos que nos concentremos nelas e as eliminemos. Se você não estiver tomando nenhuma atitude com relação a elas, pode estar arriscando mais do que imagina.

20.

Limitações pessoais e cultura

Steve Gaffney e eu estávamos sentados lado a lado em um jantar oferecido pela empresa dele, a ITT Corporation, uma grande multinacional do ramo de defesa. Eles trabalham intensamente junto ao setor espacial e com sistemas de apoio militar, comunicação, tratamento de água, eletrônica, fluidos e diversas outras atividades que deixariam qualquer cientista impressionado.

Steve era presidente da Divisão de Sistemas para os EUA da ITT e uma de suas empresas subsidiárias era patrocinadora da Nascar. O jantar era para as equipes da Nascar com as quais a empresa estava envolvida. Steve, um homem forte, com aparência de halterofilista, voltou-se para mim e perguntou:

– E o que você faz para a Nascar?

Eu estava lá a convite de Armando Fitz e Terry Bradshaw, com a equipe da Navy.

– Sou terapeuta. Minha função é ajudá-los a correr mais rápido.

Passamos o restante da noite conversando sobre o impacto das limitações dos indivíduos no desempenho do grupo.

Mudando a cultura corporativa

Alguns meses depois, Steve me telefonou.

– Flip, você conseguiria fazer conosco o que está fazendo com a Nascar?

Peguei um avião para Colorado Springs com um dos meus principais associados para me reunir com a equipe deles e ver o que poderíamos fazer.

Steve tem grande talento para coordenar e trabalhar em equipe, mas tanto eu como ele identificamos áreas que precisariam ser melhoradas. O que percebemos foi que a divisão dele (Sistemas) era extremamente competitiva, não só no sentido de lutar para derrotar a concorrência externa, como também a interna. Coletamos dados sobre o perfil dos principais integrantes, que revelaram algumas tendências pessoais a serem particularmente competitivos, pouco protetores e críticos. Vários funcionários de Sistemas haviam saído das forças armadas e levado com eles muito da filosofia militar. Steve desejava transformar toda a organização em um modelo relacional de equipes, em vez de um grupo de pessoas competitivas.

A cultura da Divisão de Sistemas da ITT refletia as limitações pessoais dos indivíduos que coordenavam o grupo. *Para que pudesse mudar, era preciso encarar as limitações pessoais de seus líderes.*

Para que Steve, portanto, conseguisse transformar seu grupo, precisaria primeiro mudar algumas de suas próprias limitações. A mais importante era que ele não era bom ouvinte nem protetor. Obteve uma pontuação baixa em proteção e alta em paixão e determinação. Ele vivia apressado e não tinha tempo a perder ouvindo os detalhes dos relatórios elaborados por seus funcionários. Ser inteligente demais pode ser prejudicial se a pessoa não tiver paciência com as outras, que precisam de mais tempo. A capacidade de Steve de entender rapidamente os conceitos fazia com que ele estivesse sempre tenso e impaciente, pois seu motor estava em aceleração constante. Quando alguém lhe apresentava informações, ele dizia: "Está bem, está bem, já entendi", na pressa de seguir em frente. Na verdade, essa atitude deixava seus funcionários muito nervosos; eles tentavam apresentar o relatório com rapidez para não atrasá-lo. Felizmente, apesar das limitações, Steve e sua equipe eram muito talentosos e capazes de fazer a empresa progredir. *Mas aonde chegaríamos se identificássemos e superássemos suas deficiências?*

Steve saía das reuniões satisfeito, mas os integrantes da equipe sentiam que não haviam apresentado suas ideias de forma completa, tendo que transmitir às pressas informações que haviam levado dias, ou às vezes semanas, para preparar. Muitas vezes sentiam-se desprestigiados e rejeitados. Steve percebia que algo não ia bem, mas não sabia o que era. Se conseguisse identificar o problema, certamente o resolveria.

Eu disse a ele qual era o problema.

– Steve, você assusta as pessoas quando as obriga a correr com as apresentações. Só de pensar nessa situação, elas já ficam nervosas. Seu estilo de liderança é intenso e muita gente se sente intimidada. Precisa ir mais devagar e arranjar tempo para ouvir, fazer perguntas e permitir que as pessoas transmitam a você o quadro completo do que avaliaram. Assim você terá uma equipe ainda melhor e conseguirá "acelerar".

Steve logo captou o que eu queria dizer. Acima de tudo, ele tem um coração enorme e se dedica com paixão àquilo a que se compromete. Suas prioridades são sua esposa, Lynn, sua família e seu trabalho.

A primeira medida que tomou me surpreendeu. Ele convocou uma reunião geral e comunicou a todos que descobrira o que vinha fazendo de errado e o que precisava mudar.

– Vou desacelerar um pouco e dar mais ouvidos a vocês. Quero saber o que pensam e deixarei isso bem claro. Nós vamos ser os melhores, e eu serei o primeiro a mudar.

Quem entendeu o recado por trás do que ele disse percebeu que a cultura da equipe seria transformada e que ele lideraria o processo. Ele estava se comprometendo a mudar, e esperaria o mesmo dos demais – se lideraria o processo, é porque pretendia que o seguissem. E assim foi.

Uma grande equipe se constrói dirigindo uma grande equipe, e a única forma de conseguir isso é fazer tudo o que for necessário para que a grandeza seja alcançada. A grandeza é algo pessoal. Você se torna o melhor – o melhor que pode ser – e aqueles à sua volta se sentirão impelidos a fazer o mesmo. Não é algo que se transmite com palavras, mas com ações. Estar diante de alguém que é o melhor que pode faz com que eu também queira ser melhor. Por isso amo todos aqueles com os quais me relaciono: porque eles me mostram uma maneira de ser melhor.

Não estou dizendo que preciso de heróis, mas quero que todos à minha volta sejam tudo o que forem capazes de ser, porque assim melhoramos juntos. É algo contagiante e bonito de se ver.

Steve fez o que prometeu: aprendeu a ouvir e a valorizar mais os outros. Hoje é mais compreensivo e paciente com os demais. Ele também foi promovido a presidente mundial de Defesa da ITT, além de vice-presidente da ITT Corporation – o que é muito mais do que conseguir uma simples promoção ou um aumento. Steve afirma que o segredo é lutar pelo melhor para sua família e sua equipe. Pessoas saudáveis e motivadas criam uma cultura saudável e motivada. Tomar a decisão de começar fazendo mudanças pessoais é a maior marca de um grande líder.

Mudar a cultura corporativa é uma coisa. Mas é possível mudar a cultura de um país?

Explorando as limitações

Cody Alexander era um jovem que não gostava de ir à escola. Morava em Crockett, no Texas, com os pais, Kay e Gerald Alexander, dois dos melhores criadores de cavalos dos Estados Unidos. Conheci Cody no meu escritório, como paciente, quando Kay o levou para uma consulta, pois o rapaz queria largar os estudos.

Na nossa segunda sessão, Cody continuou me contando por que não gostava de ir à escola. Tinha 16 anos e poderia arranjar um emprego como assistente em uma fazenda; não via motivo para continuar estudando. Olhei para ele e disse que eu estava de acordo. Kay, sentada ao lado dele, fez uma expressão de assombro total.

Então lhe ofereci um emprego na minha fazenda, gerenciando uma parte do trabalho. Propus um salário inicial de US$ 2.900 por mês, desde que ele assinasse um contrato de um ano, não podendo desistir do emprego após ter aceitado o valor. Era um salário alto para aquele tipo de trabalho, ainda mais na idade dele.

Ele agarrou a oportunidade imediatamente. Entusiasmado, perguntou quanto ganharia no ano seguinte, para que pudesse começar a planejar seu futuro. Como acontece com a maioria dos jovens, era possível ver grandes cifrões nos olhos de Cody. Respondi que eu pagaria o salário padrão de um bom assistente e que, se ele trabalhasse bem, teria o emprego garantido por muito tempo. Ele estava nas nuvens – e a mãe estava a ponto de desmaiar.

Cody perguntou:

– Qual é o salário padrão de um assistente com um ano de experiência?

– Cerca de US$ 6,50 por hora – respondi.

– Como assim? Isso é menos do que vou ganhar no primeiro ano. Por que o salário diminui? – perguntou.

– É simples, Cody. Eu só preciso comprá-lo uma vez, e você terá vendido sua educação e seu futuro para mim por US$ 35 mil. Terá largado a escola e nunca mais voltará a valer essa quantia. Como você dificilmente poderá voltar a estudar, terei um funcionário pelo resto da vida. É você que está à venda e eu sou o comprador. Trato feito?

Ele me olhou com ar desafiador e disse:
– Você está tentando tirar vantagem de mim. Não está certo.
– Na verdade, não estou tentando tirar vantagem. Você não está sendo inteligente e eu estou mostrando como explorar sua ignorância. Você quer largar os estudos e estou facilitando a sua vida. Preciso de um bom assistente e você trabalha bem. O que há de errado nisso?

Um ano e meio depois, recebi um convite para a formatura de Cody. Ele também me ligou e disse que aceitava a oferta que eu havia feito. Negociamos US$ 7 por hora de trabalho. Mas o melhor momento da ligação foi o pedido de Cody:
– Posso morar com você e Susan enquanto eu estiver na faculdade?
– Claro que pode, filho – respondi.

Cody morou conosco durante cinco anos e, depois de se formar, fez mestrado. Seus pais, Kay e Gerald, assim como Susan e eu, têm muito orgulho dele. E o mais importante: Cody tem orgulho de si próprio. Ele conquistou seu futuro, em vez de vendê-lo barato.

Aonde quero chegar? As limitações pessoais de Cody, pouca persistência e pouco autocontrole, quase destruíram seu futuro. Eu poderia ter explorado facilmente essas deficiências e ele pagaria caro pelo resto da vida.

Não pense que não há diversas forças atuando para manter as pessoas presas às suas limitações. Não importa de que cor, nacionalidade, classe ou grupo social você for – todos temos que lidar diariamente com instituições e ramos de atividades empenhados em combater nossos esforços para nos libertarmos de vícios como jogos, álcool e drogas, ou mesmo vícios como o consumismo, a internet e a televisão.

Segundo o dicionário *American Heritage*, a definição de "cultura" é "a totalidade de padrões de comportamento, artes, crenças, instituições e todos os outros produtos do trabalho e do pensamento humanos que são transmitidos socialmente".

Se a cultura é moldada pelas escolhas dos indivíduos de um grupo, então essas escolhas individuais determinarão a saúde daquela sociedade a longo prazo. A proliferação alarmante de pornografia e jogos de azar; a glamourização de música e entretenimento moralmente degradante para as mulheres; comediantes que fazem graça com piadas sobre os piores tipos de comportamento, como uso de drogas, atividades ilegais e racismo de todos os tipos; e a violência contra outras pessoas são sinais de alerta emitidos por todo o país, indicando o que vem pela frente se as limitações sociais continuarem a ser ignoradas.

As escolhas morais e comportamentais dos indivíduos determinarão, em última instância, a saúde de uma nação. Mas o que isso tem a ver com as limitações pessoais?

O comportamento do indivíduo influencia a cultura, que exerce influência sobre a nação. A cada escolha pessoal que fazemos, fortalecemos ou enfraquecemos a nação. As consequências de termos uma vida sem propósito nem valor são devastadoras. *Nosso país corre um risco maior a cada escolha errada que fazemos, enquanto é fortalecido a cada escolha certa.*

Vimos que a cultura da Divisão de Sistemas da ITT refletia as limitações pessoais dos indivíduos que compunham a liderança do grupo. Esse mesmo princípio é válido em qualquer escala: a transformação de uma cultura é motivada pela transformação individual. Se nos recusamos a encarar os pontos fracos dos indivíduos que compõem uma nação, não podemos pretender escapar das consequências dessa escolha. São muitas as áreas com as quais *podemos* lidar e as mudanças que *podemos* realizar para ficarmos à altura dos desafios da cultura de hoje em dia. Não se esqueça de que é você quem escolhe seu comportamento individual.

Os mesmos princípios valem para a nossa cultura nacional. Se você, eu, nossos vizinhos e nossos filhos optarmos por nos libertar de tudo o que detém cada um de nós, todos vivenciaremos uma nova liberdade – a de viver além das nossas limitações pessoais. E nosso país enriquecerá graças às nossas escolhas. É com isso que visionários como Martin Luther King e dezenas de milhares de outros sonharam, dedicando a vida a atingir essas metas e transmiti-las à geração seguinte. Para que uma nação seja saudável, o povo que a compõe precisa ser saudável.

21.

Dando ouvidos aos demais: o poder da opinião sincera

Há uma grande diferença entre *tocar* a vida e *viver* a vida. Para tocar a vida, basta ir para o trabalho e esperar o dia passar. Já para viver a vida é preciso ter direção, propósito, paixão e preparo. É *viver* no sentido completo da palavra.

Mas por que tanta gente apenas toca a vida "num silencioso desespero", sem saber aonde vai nem o que está fazendo? Primeiro, é preciso empreender uma busca sincera para descobrir quem somos e que rumo queremos seguir na grande jornada da vida. Depois, é necessário ter uma disciplina considerável para de fato chegar lá, após saber para onde queremos ir. Embora pareça simples, muita gente não tem sucesso ao longo do caminho porque não quer ter o trabalho necessário para ir até o fim.

Comentários: a dieta dos campeões

A maioria das pessoas nunca aprende a escutar bem e aquelas que escutam nem sempre conseguem incorporar mudanças e melhorias ao seu comportamento.

Porém, aquelas com capacidade de escutar e de se adaptar – de converter conceitos em comportamentos – irão alcançar a posição mais elevada.

Essas são as pessoas que sabem aprender; elas irão superar as que não conseguem tirar partido das novas informações, dos novos métodos ou habilidades.

Várias pessoas me dizem que não recebem muitas opiniões sobre elas mesmas.

A maioria não recebe opiniões por um simples motivo: *não quer recebê-las*. Já conheci muita gente com quem é difícil conversar e que deixa isso bem claro. São pessoas que não facilitam a interação, comportando-se e apresentando-se perante os demais de tal forma que emitem um sinal vermelho, evitando falar sobre questões mais profundas.

Aqueles que estão abertos a opiniões sabem como obtê-las e onde procurá-las. Se você quer ser um campeão, precisa seguir a dieta apropriada, e essa dieta são os comentários dos demais.

Quando a tela congela

Tenho um amigo que respeito muito. Apesar de ser uma pessoa muito agradável, às vezes seus pensamentos e suas emoções não transparecem em seus gestos. Certa vez, eu disse a ele que talvez fosse bom se abrir mais e expressar melhor os sentimentos positivos que tinha pelos outros. Minhas palavras o deixaram um pouco confuso, então fui mais explícito:

– Sam, às vezes é difícil interpretar você, pois, quando está refletindo, seu rosto se contrai. – Não se contrai literalmente, mas essa é a impressão que os demais têm. Na realidade, quando Sam está pensando, ele mergulha em si mesmo e fica "preso" lá. Quando isso acontece, seu rosto perde a expressividade. – A tela fica congelada enquanto seu processador está rodando dentro da sua cabeça, e então você parece zangado.

Ele me olhou com ar de incredulidade: nunca ouvira isso antes. Sugeri que ele pedisse a opinião de sua secretária, assim como eu pediria a Amy (minha administradora sênior) sua opinião a meu respeito, e sei que ela seria sincera.

Sam não ficaria à vontade nessa situação, então sugeri:

– Vá para casa e peça a opinião de sua mulher. Aposto que ela vai concordar comigo!

Mesmo hesitando um pouco, ele fez o que sugeri. Sua esposa respondeu o que eu tinha imaginado e, naquele dia, Sam começou a ter mais consciência do que seu rosto transmitia ao mundo enquanto ele estava "desligado", pensando em questões importantes.

Agora, quando "a tela congela", a mulher dele diz: "Você está aí? Está feliz?", e ele entende a mensagem. As opiniões dadas em uma relação em que há confiança fazem toda a diferença.

Usando emoções para evitar comentários

Há outro grupo de pessoas que usa uma estratégia para evitar que os outros lhe deem opiniões. São os "chorões". Quando você tenta falar com eles sobre um assunto que os deixa desconfortáveis, imediatamente começam a chorar. Choram porque você os está magoando. Você é o agressor, e eles, as vítimas. Você fez algo que os feriu.

Descobri que muita gente usa as emoções para impedir que os outros opinem sobre suas vidas. Uns choram, outros ficam bravos e gritam, outros fogem e alguns se abstraem. Mas todos utilizam as emoções pelo mesmo motivo: são uma forma eficiente de interromper a sensação desagradável. Não querem ouvir opiniões porque não estão dispostos a lidar com a dor que elas causam, então empregam maneiras efetivas de interrompê-las assim que alguém toca em um ponto sensível.

Encarando "A tabela"

A "depressão da segunda-feira" só reflete parcialmente o que os jogadores de futebol americano da NFL (a liga profissional dos Estados Unidos) sentem após os jogos de domingo à tarde. É a "extenuação da segunda-feira", a "contusão da segunda-feira". As partes do corpo que não estiverem doendo provavelmente ainda estão sob efeito de analgésicos.

Esse parece ser o momento ideal para expor seus fracassos pessoais em público, perante todos os seus colegas?

Provavelmente não, mas essa era a realidade semanal do atacante Anthony Muñoz durante a maior parte de sua carreira de 13 anos jogando pelo Cincinnati Bengals. O fato de ele não apenas aceitar essa avaliação pública de seu desempenho como a considerar uma forma essencial – embora desagradável – de eliminar suas limitações é a principal razão pela qual ele hoje está no Hall da Fama do esporte.

Pouco após sua aposentadoria como jogador, convidei Anthony para dar uma palestra comigo em uma conferência nacional de educação. Em nossa conversa antes da palestra, a discussão acabou se voltando, como sempre, para o que é preciso para ser o melhor em qualquer campo de atuação.

Anthony nem sequer hesitou. Um dos principais segredos do seu sucesso era "A tabela".

Na segunda-feira seguinte a cada jogo, antes de descansarem e de começarem a estudar o adversário da semana seguinte, os Bengals encaravam uma realidade implacável: uma grande tabela quadriculada. Do lado esquerdo constava o nome de cada jogador e nos espaços à direita, avaliações quantitativas de seu desempenho, numa escala de 1 a 10. Os jogadores eram avaliados em função de cada jogada que haviam realizado em campo.

Ali, de forma bem clara e direta, eram apresentados detalhes precisos e oficiais sobre a reação de cada jogador às oportunidades que teve de dar o melhor de si – e à disposição de todos os colegas e técnicos.

– Eu detestava aquilo, ainda mais após uma derrota – ele admitiu. – Queria que me dissessem que havia atuado bem, desejava receber algum consolo por todo o meu sacrifício.

A tentação, naturalmente, era observar a pontuação dos outros jogadores. Qual foi a nota do receptor que perdeu o passe que viraria o jogo? Meu substituto recebeu notas máximas enquanto eu estava fora de campo? Os técnicos perceberam que o sujeito do meu lado não estava arremessando com muita precisão?

Mas aqueles que realmente queriam melhorar sabiam que o caminho para o sucesso estava bem ao lado do seu nome. Anthony era – e ainda é – muito competitivo; seu objetivo era obter 10 em todas as jogadas. Ele se esforçava para fazer o melhor, estudando os números e perguntando aos técnicos os motivos por trás deles, não para pedir notas melhores, mas para identificar e corrigir eventuais limitações que esses índices revelavam.

Max Montoya, atacante e ex-colega de Anthony no Cincinnatti Bengals, observou que o modo como Anthony buscava a perfeição demonstrava um trabalho incansável.

– Ele jogou 13 anos como se estivesse batalhando para conseguir uma vaga no time – disse Montoya.

Anthony tem o tamanho (1,98 metro e 126 quilos) e a técnica que lhe permitiriam fazer muito menos do que o ideal e ainda ser um ótimo jogador, se adotasse uma atitude do tipo "eu sou assim, é pegar ou largar". Filho de mãe solteira, poderia ter se ressentido das figuras masculinas autoritárias que lhe diziam o que devia fazer. Poderia justificar jogadas medíocres com seus joelhos avariados – ele passou por três cirurgias em quatro anos quando jogava na liga universitária, mas só perdeu três jogos em 13 anos de NFL.

Em vez disso, Anthony optou por prestar atenção e aprender – mesmo quando as críticas dos técnicos não estavam de todo corretas. Um exemplo foi quando o técnico dos Bengals, Jim McNally, insistiu para que Muñoz, que é canhoto, assumisse uma posição na lateral direita. Ele seguiu as instruções e foi eleito o melhor jogador estreante naquela posição. Depois, quando na posição que lhe era favorável, o jogador foi consagrado com uma sucessão de prêmios concedidos aos melhores profissionais.

Da mesma forma, ele poderia ter ignorado "A tabela", renegado as avaliações dos técnicos por não serem precisas, reclamado por não receber o respeito merecido ou dado desculpas esfarrapadas para algumas notas baixas. Mas não: ele aceitava as informações e as usava para melhorar. Encerrou a carreira reconhecido como um dos grandes jogadores de todos os tempos.

Medo: a fronteira final

Quando eu estava na pós-graduação fui convidado a dar uma palestra com um colega na Conferência Anual da Associação Americana de Sociologia em Washington, D.C. Após a discussão, um senhor distinto, cuja reputação eu conhecia bem, se aproximou de mim e se apresentou. Era o diretor do Departamento de Sociologia de uma prestigiada universidade. Durante a conversa, ele expressou interesse por minha pesquisa e perguntou:

– Você gostaria de vir para a nossa universidade fazer doutorado? Se aceitar o convite, irá estudar e ser meu assistente nas pesquisas.

Eu mal conseguia falar. Encontrava-me diante de uma lenda da minha área, que estava pessoalmente me convidando para trabalhar com ele. Era muito mais do que eu teria sonhado, aos 24 anos e com um extenso histórico de problemas de aprendizado.

Ao longo da vida, todos nos vemos diante de encruzilhadas. Algumas portas se abrem e outras se fecham. Raramente há um rumo claro, além daquele para o qual nossos próprios valores apontam. Quando comecei a pensar sobre todo o conceito das limitações pessoais, naturalmente comecei pelas minhas. Acredito que todos temos as nossas e acho que elas nos afetam de maneiras que nem sempre compreendemos.

Desde que estava na segunda série, quis que minha vida servisse para algo, que fizesse alguma diferença no mundo em que eu vivia. Sempre quis crescer e realizar qualquer que fosse o propósito da minha existência e fazer todo o possível para ajudar os outros a realizarem o deles.

Com o tempo, entretanto, aprendi que minhas próprias limitações eram meus maiores obstáculos a esses desejos. Comecei a examiná-las com mais atenção e a compreender os vínculos e impactos que estavam tendo na minha vida. Se conseguisse identificá-las e trabalhar para eliminá-las, eu sabia que minha trajetória seria diferente e que meu desempenho alcançaria outro patamar.

Por que estou dizendo tudo isso?

Porque, naquele dia, eu recusei a oferta que mudaria a minha vida.

A lição que aprendi na ocasião – mas que não compreendi completamente até muitos anos mais tarde – é que todos contamos histórias para nós mesmos. Na verdade, nossa vida é composta por elas. São essas histórias que constituem a pessoa que acreditamos ser.

Eu tive a oportunidade de estudar com um dos maiores intelectuais da minha época na minha área de atuação e *recusei a oferta*.

Tinha vários bons motivos para não ir, entre os quais os custos antes de me mudar e os da própria mudança. Além disso, eu precisava dar atenção a muitas coisas em casa. Meus motivos formaram a história que eu contava aos demais para explicar por que não aceitara aquela oportunidade incrível. É claro que contei essa história a mim mesmo – era tão convincente que até eu acreditei nela. Eu *precisava* acreditar para não me sentir mal por rejeitar o convite e tudo o que ele representaria para o meu futuro.

Contamos histórias a nós mesmos para não precisarmos encarar uma verdade difícil ou dolorosa.

E qual era a verdade? *Eu tinha medo de fracassar*. Ainda tomado por uma forte sensação de deslocamento que surgira na infância, juntamente com minhas dificuldades de aprendizado, eu não conseguia enxergar as muitas vitórias que alcançara – somente o risco de mais uma derrota humilhante. A perspectiva de ir para um lugar desconhecido – uma universidade de prestígio – para acabar *fracassando* era demais para mim. Esse fracasso iria expor meus medos mais profundos e arruinaria a minha história, embora nesse caso eu fosse acabar inventando qualquer coisa para justificar meu insucesso: ou a culpa era de outra pessoa, ou o momento não era o ideal, ou qualquer outro detalhe que melhorasse a história.

Anos mais tarde, quando encarei o motivo *real* pelo qual eu não havia ido para "aquela" universidade, fiquei decepcionado comigo mesmo – não por recusar o convite, mas por permitir que meus temores tomassem a decisão em meu lugar. Receber uma oportunidade era uma coisa, mas descobrir que eu continuava tão deslocado quanto temia era algo totalmente diferente. Era preferível dizer que eu fora aceito, mas optara por não ir.

Então, decidi que meus temores não tomariam mais as decisões por mim.

Quando eu sentisse medo, minha escolha seria encará-lo e fazer aquilo que estava me atemorizando. E isso, naturalmente, me traz até você, amigo.

O que você vai fazer?

Vai identificar suas limitações pessoais e enfrentá-las ou decidirá pelo caminho mais fácil de contar uma história a si mesmo? A escolha é sua.

Você sabia que nascemos só com dois medos? Chegamos ao mundo com dois temores inatos: o medo de cair e o de ruídos altos. *Todos os outros medos que temos na vida são adquiridos.* Alguns temores são pela nossa segurança em um mundo altamente complexo e agitado, enquanto outros são aprendidos pelo caminho como reação a ameaças imaginárias ou perigos ocasionais que deixam de existir. Portanto, tudo o que foi adquirido pelo caminho pode ser deixado para trás quando quisermos.

Recuse-se a permanecer limitado

Também descobri que parecem existir apenas duas razões reais para não mudar: o medo de falhar e não se importar suficientemente consigo mesmo e com os demais para levar a cabo as mudanças. Não permita que o receio ou a apatia o impeçam de fazer as mudanças necessárias. Há gente que conta com você. Goste ou não, os outros precisam que você alcance todo o seu potencial. A pergunta para você é: *eles* merecem isso? *Você* merece? Eu acredito que sim.

As mudanças farão você chegar a novos patamares.

Fui testemunha da mudança que Terry Bradshaw fez, alterando seu relacionamento com a equipe de corrida e alcançando resultados memoráveis. Nolan Ryan mudou alguns relacionamentos empresariais e eu transformei meu hábito de adotar todas as ideias novas com que me deparava. Meu sócio parou de ser obcecado em deixar tudo perfeito e um dos meus filhos deixou de ser irresponsável com o dinheiro. Um de meus amigos mais íntimos hoje é mais protetor, e inúmeros jovens aceitaram mudar em busca da chance de um futuro diferente.

Cada um de nós tem limitações pessoais para superar; precisamos apenas de um plano para saber por onde começar.

Não me importo de ter limitações pessoais que preciso encarar. Só não quero ter, *no ano que vem*, as mesmas que tenho este ano. Ainda estou crescendo, mas a cada passo me torno mais aquele que estou destinado a ser, e isso me anima.

Desejo ser essa pessoa e quero celebrar a vida com aqueles que também escolhem ser tudo aquilo que podem ser.

Espero que nessa jornada você também descubra a vida que, no fundo, sempre soube que poderia ter.

Conclusão: Criados em cativeiro

Ao chegar à nossa propriedade, onde fica meu escritório, avistamos uma fazenda pitoresca à esquerda. Ela está repleta de antílopes e cervos exóticos. A cerca que rodeia a propriedade fica próxima da estrada, então os animais chegam bem perto do carro ao passarmos por lá. Mais de uma vez já me peguei olhando para eles, quando o rumor súbito de cascalho me avisou que o carro estava saindo do asfalto.

Como todo mundo, aprecio a beleza e a elegância dessas criaturas majestosas. Mas o que mais me intriga é que, aparentemente de comum acordo, elas aceitam a fronteira artificial imposta pela cerca que meu vizinho instalou, que tem aproximadamente 1,20 metro de altura. Até os mais jovens conseguiriam saltá-la. Porém, nenhum deles faz isso. Embora nasçam com a capacidade inerente de escapar às barreiras que os detêm, algo os impede. Talvez seja porque, criados em cativeiro, nunca tenham conhecido nada além de um mundo cercado. A força e a capacidade de sair eles têm; *o que não têm é a visão*.

A cerca é uma metáfora vívida das limitações à vida humana. Todos os dias, homens e mulheres vendem barato seus potenciais em virtude das deficiências que aceitam sem resistência, as quais muitas vezes são impostas por eles mesmos. Garanto que, ao identificar e lidar com suas limitações pessoais, você entrará em um novo mundo de oportunidades e satisfação, muito além das cercas.

Estou esperando – do lado de fora da cerca – para celebrar com você.

CONHEÇA OUTROS LIVROS DA EDITORA SEXTANTE

Bons hábitos, maus hábitos
Wendy Wood

Com base em três décadas de pesquisas, Wendy Wood apresenta a fascinante ciência de como formamos hábitos – e mostra como desbloquear a mente para realizar as mudanças que buscamos.

Neste livro, ela explica que 43% das nossas ações não são escolhas conscientes. Fazemos automaticamente, por hábito. É assim que respondemos às pessoas ao nosso redor, decidimos o que comprar, quando e como nos exercitar, comer ou beber.

Mas sempre que queremos melhorar algo em nós mesmos, contamos com a força de vontade. Insistimos em recorrer ao nosso consciente, na esperança de que a determinação seja capaz de promover mudanças positivas. Por isso é que falhamos tantas vezes.

Bons hábitos, maus hábitos é uma combinação potente de neurociência, estudo de casos e relato de experimentos que vai mudar sua maneira de pensar sobre quase todos os aspectos da vida e lhe dar ferramentas concretas para transformar seu dia a dia.

Comece pelo mais difícil
Brian Tracy

Não há tempo para fazer tudo o que precisamos – e nunca haverá. As pessoas bem-sucedidas não tentam fazer tudo. Elas aprendem a focar nas tarefas mais importantes e a garantir que elas sejam bem feitas.

Traduzido para 42 idiomas e com 2 milhões de livros vendidos, *Comece pelo mais difícil* mostra como identificar as tarefas críticas – as que você mais tende a adiar e que terão o impacto mais positivo em sua vida – e organizar o seu dia. Você não só fará mais em menos tempo como fará o que realmente importa.

Um dos mais respeitados coaches do mundo, Brian Tracy estudou o comportamento de profissionais de sucesso e comprovou que eles sabem quais são suas prioridades e realizam uma atividade de cada vez, aproveitando ao máximo seus talentos e habilidades.

O fim da procrastinação
Petr Ludwig

Este livro traz ferramentas práticas para seu desenvolvimento pessoal, que vão ajudar a aumentar sua motivação, eficiência, produtividade e satisfação.

Você vai aprender:
- Por que procrastinamos: a explicação científica para esse hábito tão comum.
- O que é a paralisia decisória e por que ela tem um efeito tão negativo sobre nós.
- Como funciona a motivação humana e como obter resultados a longo prazo.
- Como encontrar sua visão pessoal e explorar seus pontos fortes para fazer coisas significativas.
- Como opera o sistema de autocontrole do cérebro e como aumentar sua força de vontade.
- Como melhorar sua produtividade.
- Como aprender bons hábitos e desaprender os ruins.
- Como organizar tarefas e gerenciar seu tempo para conseguir realizar mais sem se cansar.
- Como lidar melhor com os fracassos e superar o medo da mudança.

Para saber mais sobre os títulos e autores da Editora Sextante,
visite o nosso site e siga as nossas redes sociais.
Além de informações sobre os próximos lançamentos,
você terá acesso a conteúdos exclusivos
e poderá participar de promoções e sorteios.

sextante.com.br